MARIANA C

Armonia în cuplu

PSIHOLOGIA RELAȚIILOR

2024

Psihologia relațiilor și armonia în cuplu reprezintă un domeniu amplu de studiu care explorează modul în care indivizii interacționează și se influențează reciproc în cadrul unei relații de cuplu. O relație sănătoasă și echilibrată este caracterizată de comunicare deschisă și sinceră, încredere reciprocă, respect, susținere și colaborare în rezolvarea problemelor.

Pentru a menține armonia în cuplu este important să acorzi atenție nevoilor și emoțiilor partenerului, să înțelegi și să îți exprimi propriile emoții și să te implici activ în construirea unei relații bazate pe comunicare eficientă și înțelegere reciprocă.

Psihologia relațiilor oferă instrumente și tehnici care pot ajuta cuplurile să își depășească dificultățile și să își îmbunătățească relația. Printre acestea se numără terapia de cuplu, comunicarea nonviolentă, gestionarea conflictelor, dezvoltarea empatiei și a înțelegerii reciproce.

Indiferent de provocările și obstacolele întâmpinate într-o relație, este important să îți reamintești că armonia în cuplu se construiește prin implicare, compromis și acceptare reciprocă. Comunicarea deschisă, înțelegerea și susținerea reciprocă sunt cheia unei relații sănătoase și fericite.

"Armonia intr-un cuplu nu este sa fii mereu de acord, ci sa stii sa te accepti reciproc chiar si atunci cand sunteti in dezacord."
- Albert Schweitzer

Mariana C.
este un autor cu o vastă experiență în domeniul psihologiei relațiilor și comunicării. Este cunoscut pentru abordarea sa accesibilă și practică asupra acestor subiecte, oferind cititorilor săi soluții concrete pentru îmbunătățirea relațiilor interpersonale.

Cartea sa "Armonia în cuplu " explorează diverse aspecte ale relațiilor umane, de la comunicare și empatie, la rezolvarea conflictelor și construirea unei relații sănătoase și echilibrate. Mariana C oferă în cartea sa sfaturi practice, exerciții și studii de caz care îi ajută pe cititori să își îmbunătățească abilitățile de comunicare și să își construiască relații mai armonioase și mai satisfăcătoare.

Cu o abordare bazată pe psihologia relațiilor și pe înțelegerea comportamentului uman,Mariana C reușește să ofere cititorilor săi instrumentele necesare pentru a naviga în lumea complicată a relațiilor interpersonale într-un mod sănătos și constructiv. Cartea sa este recomandată atât celor care se află într-o relație de cuplu, cât și celor care doresc să își îmbunătățească relațiile cu ceilalți, fie în plan personal, fie profesional.

Psihologia relațiilor se referă la studiul modului în care oamenii interacționează și se conectează unii cu alții în cadrul relațiilor lor. Aceasta implică înțelegerea emoțiilor, comportamentelor și gândurilor care stau la baza unei relații sănătoase și fericite.

Mariana C

Prezentare Generală

Prezentare Generală

Capitolul 1

Armonia în cuplu este un aspect esențial al unei relații reușite. Ea se referă la echilibrul și înțelegerea reciprocă pe care partenerii le au între ei. Pentru a menține armonia în cuplu, este important să ne concentram pe comunicare eficientă, ascultare activă, empatie și acceptare reciprocă.

Există câteva principii de bază pe care le putem aplica pentru a menține sau a ajunge la armonie în cuplu:

- 1. Comunicare deschisă și sinceră. Este esențial să ne exprimăm nevoile, temerile și dorințele noastre într-un mod deschis și sincer pentru a evita frustrările și conflictul.

- Respect și încredere reciprocă. Respectul și încrederea sunt fundația unei relații sănătoase. Este important să ne tratăm partenerul cu respect și să avem încredere în el.

- Empatie și susținere. Este important să fim empatici și să oferim sprijinul necesar partenerului nostru atunci când este nevoie. Astfel, construim un mediu în care ambii parteneri se simt înțeleși și acceptați.

- Gestionarea conflictelor. Conflictul este inevitabil într-o relație, dar modul în care ne gestionăm și rezolvăm conflictele poate face diferența în menținerea armoniei în cuplu. Este important să fim deschiși la compromisuri și să lucrăm împreună pentru a găsi soluții la problemele noastre.

Armonia în cuplu necesită efort continuu, dar beneficiile unei relații sănătoase și fericite merită investiția noastră în aceasta.

Prin aplicarea principiilor de bază ale unei relații sănătoase și printr-o comunicare deschisă și sinceră, putem construi și menține o relație armonioasă și împlinită. continuare, vom discuta mai în detaliu despre cum putem menține armonia în cuplu și cum ne putem construi relații sănătoase și fericite.

1. Comunicarea eficientă este cheia.
Este esențial să fim deschiși și să vorbim sincer despre nevoile, dorințele și temerile noastre în relație. Ascultarea activă, exprimarea clară a sentimentelor și soluționarea conflictelor într-un mod constructiv sunt elemente importante în menținerea armoniei în cuplu.

2. Încrederea și respectul reciproc sunt fundamentale pentru o relație sănătoasă. Construirea unei baze solide de încredere și respect în cuplu necesită transparență, loialitate și sprijin reciproc.

3. Gestionarea conflictelor în mod sănătos este esențială. Este normal să avem neînțelegeri și să avem opinii diferite în cuplu, însă modul în care gestionăm aceste conflicte este crucial. Este important să fim deschiși, să ascultăm punctele de vedere ale partenerului și să căutăm soluții care să îi satisfacă pe amândoi.

4. Respectul pentru spațiul și individualitatea fiecărui partener este important. Este esențial să ne acordăm spațiu și timp liber pentru a ne îngriji de noi înșine, a ne dezvolta interesele personale și a avea relații sănătoase cu familia și prietenii noștri.

5. Împărtășirea valorilor și obiectivelor comune încurajează crearea unei conexiuni emoționale puternice în cuplu. Este important să identificăm și să lucrăm împreună pentru atingeri scopurilor și visurilor noastre comune, încurajându-ne reciproc în proces.

6. Întreținerea unei relații intime și pasionale este esențială pentru menținerea armoniei în cuplu. Este important să ne acordăm timp pentru a ne conecta emoțional și fizic, să ne arătăm recunoștința și afecțiunea unul pentru altul și să ne păstrăm vie flacăra iubirii.

În final, menținerea armoniei în cuplu necesită efort, comunicare și angajament din partea ambilor parteneri. Este important să ne concentrăm pe construirea unei relații respectuoase, empatică și încurajatoare, care să ne aducă fericire și satisfacție pe termen lung.
 În continuare, vom discuta despre alte aspecte importante care contribuie la crearea și menținerea armoniei în cuplu.
Comunicarea eficientă este unul dintre pilonii unei relații sănătoase. Este important să puteți vorbi deschis și sincer despre sentimentele, nevoile și dorințele voastre. Ascultarea activă și empatia sunt de asemenea importante pentru a înțelege și sprijini partenerul în momentele dificile.
În plus, respectul reciproc este esențial într-o relație de cuplu. Trebuie să vă tratați unul pe altul cu respect, să aveți încredere și să vă susțineți reciproc. Nu trebuie să vă criticați sau să vă jigniți în niciun fel .
Gestionarea conflictelor este o altă abilitate importantă pentru menținerea armoniei în cuplu. Este normal să aveți diferite puncte de vedere și să aveți neînțelegeri. Este important să puteți gestiona aceste conflicte în mod constructiv, fără a recurge la violență sau la reproșuri. Învățați să ascultați cu atenție și să găsiți soluții la problemele care apar în relație.
În final, totul se reduce la compromis și colaborare. Este important să vă susțineți reciproc, să vă respectați nevoile și să găsiți un echilibru între dorințele voastre individuale și cele comune.

Lucrând împreună și menținând deschise liniile de comunicare, veți putea să construiți o relație sănătoasă și armonioasă în cuplu.

În concluzie, pentru a avea o relație armonioasă și sănătoasă în cuplu, este important să investiți timp și energie în comunicare, respect reciproc, gestionarea conflictelor și colaborare. Cu efort și bunăvoință din ambele părți, veți putea construi o relație solidă și fericită.

"Armonia în cuplu se bazează pe înțelegere reciprocă, respect și comunicare deschisă."
- Confucius

"Armonia într-un cuplu nu este despre a fi mereu de acord, ci despre a găsi bucuria în a fi diferiți și în a sprijini unul pe celălalt în toate aspectele vieții."

"Armonia într-un cuplu provine din respectul reciproc, încredere și iubire necondiționată."

Capitolul 2

Cum să construiești o relație bazată pe încredere și respect între tine și partenerul/partenera ta.

Pentru a construi o relație sănătoasă bazată pe încredere și respect cu partenerul tău, este important să comunici deschis și sincer. În primul rând, trebuie să fii sincer cu tine însuți și să-ți cunoști nevoile, dorințele și limitările. Apoi, ar trebui să împărtășești aceste lucruri cu partenerul tău și să îi acorzi aceeași oportunitate de a-și exprima nevoile și dorințele.

De asemenea, este important să fii empatic și să arăți înțelegere față de sentimentele și perspectivele partenerului tău. Ascultă cu atenție și fii deschis la schimbare, dacă este necesar, pentru a menține echilibrul în relație.

În plus, ar trebui să respecți spațiul și intimitatea partenerului tău, să ai grijă de el și să fii prezent atunci când este nevoie. Nu uita să apreciezi eforturile și realizările sale și să-i acorzi susținere și încurajare în momentele dificile.

Prin construirea unei relații bazate pe încredere și respect reciproc, veți putea consolida legătura dintre voi și veți construi o bază solidă pentru o relație sănătoasă și fericită. Încrederea și respectul sunt două elemente esențiale într-o relație de cuplu sănătoasă și durabilă.

Acestea sunt fundamentul unei conexiuni puternice și autentice între parteneri.

Încrederea înseamnă să ai încredere că partenerul tău va fi sincer, loial și va respecta angajamentele făcute în relație.

Încrederea înseamnă să te simți în siguranță, să îți poți deschide inima și să îți împărtășești gândurile și sentimentele fără frică de judecată sau trădare.

Respectul înseamnă să îți acorzi reciproc valoarea și demnitatea pe care le meriți, să îți asculți și să îți susții partenerul, să îi arăți considerație și să îi respecți nevoile și limitele personale. Respingerea disprețului, violenței sau ignorării față de partenerul tău.

Atunci când încrederea și respectul sunt prezente în relație, partenerii se simt apreciați, acceptați și încurajați să crească și să se dezvolte împreună. Ei se pot baza unul pe altul în momentele dificile și pot bucura împreună de succesele și realizările lor.

Pentru a menține o relație bazată pe încredere și respect, este important să comunici deschis și sincer cu partenerul tău, să îți exprimi nevoile și să asculți și să respecți nevoile lui, să îți acorzi reciproc timp și atenție și să înveți să te adaptezi și să te compromiți în modul în care vă tratați unul pe celălalt.

În final, încrederea și respectul sunt lucruri pe care trebuie să le cultivi și să le păstrezi în relația ta de cuplu, pentru a construi o legătură puternică, bazată pe iubire și înțelegere reciprocă. Comunicarea deschisă într-o relație este esențială pentru menținerea unei legături sănătoase și armonioase.

Iată câteva sfaturi despre cum să comunici deschis cu partenerul.

- Fii sincer și onest - în loc să îți ții sentimentele sau gândurile pentru tine, ai curajul să le împărtășești cu partenerul tău. Fii sincer și deschis în comunicarea ta.

- Ascultă cu atenție - este important să fii dispus să asculți și să îți arăți interesul pentru ceea ce spune partenerul tău. Fii atent la nevoile și sentimentele lui și încearcă să îl înțelegi.

- Evită judecățile și criticile - în loc să judeci sau să critici, încearcă să îți exprimi gândurile și sentimentele într-un mod constructiv și empatic. Fii deschis la feedback-ul partenerului tău și încercă să găsești soluții în colaborare.

- Comunică clar și concret - în loc să lași lucrurile nespuse sau să te exprimi în mod ambiguu, fii clar și concret în comunicarea ta. Formulează-ți mesajele cât mai clar posibil pentru a evita confuziile sau interpretările greșite.

- Nu te teme să îți exprimi vulnerabilitatea - este important să fii deschis și vulnerabil în fața partenerului tău. Nu te teme să îți arăți emoțiile sau să îți exprimi fricile și incertitudinile. O relație puternică se bazează pe încredere și vulnerabilitate reciprocă.

- Găsiți timp pentru comunicare - faceți un efort să găsiți timp pentru a vă comunica. Poate fi util să stabiliți momente specifice în care să discutați despre lucruri importante sau să aveți discuții regulate pentru a vă conecta și a vă cunoaște mai bine unul pe celălalt.

- Fiți deschiși la compromis - într-o relație sănătoasă, este important să fii dispus să faci compromisuri și să găsești soluții care să fie benefice pentru amândoi. Fiți deschiși la a căuta soluții care să respecte nevoile și dorințele ambilor parteneri.

Prin urmare, comunicarea deschisă și sinceră este un element cheie pentru menținerea unei relații sănătoase și armonioase. Fii dispus să îți exprimi gândurile și sentimentele, să asculți cu atenție pe celălalt și să lucrați împreună pentru a construi o legătură puternică și empatică.

Comunicarea eficientă este cheia unei relații sănătoase și fericite.

Iată câteva tehnici pentru a îmbunătăți comunicarea în cuplu:

- Ascultare activă: Acordați atenție partenerului, ascultându-l cu atenție și fără să-l întrerupeți. Arătați interes prin întrebări și expresii de confirmare.

- Comunicare deschisă și sinceră: Fiți sinceri și deschiși în comunicarea cu partenerul. Împărtășiți-vă sentimentele, gândurile și preocupările fără temeri sau rețineri.

- Evitarea acuzațiilor și judecăților: În loc să aruncați vina unul asupra celuilalt, exprimați-vă problemele și nemulțumirile într-un mod constructiv și respectuos.

- Exprimarea nevoilor și dorințelor: Vorbiți despre ceea ce vă face fericiți sau vă nemulțumește și discutați despre cum puteți îmbunătăți relația în funcție de acestea.

- Rezolvarea conflictelor în mod constructiv: Învățați să gestionați conflictele într-un mod calm și echilibrat. Ascultați-ne reciproc și căutați soluții care să îndeplinească nevoile ambilor parteneri.

- Respect reciproc: Respectați opiniile, sentimentele și spațiul personal al partenerului. Evitați critica și jignirile, și tratați-vă cu respect și încredere.

- Încurajarea și susținerea reciprocă: Fiți acolo pentru partenerul dumneavoastră în momentele dificile și încurajați-l să-și îndeplinească obiectivele și visele.

- Lucrul în echipă: Lucrați împreună pentru a depăși obstacolele și pentru a construi o relație sănătoasă și fericită. Colaborați în rezolvarea problemelor și în realizarea obiectivelor comune.

Aplicarea acestor tehnici de comunicare în cuplu va ajuta la consolidarea relației și la creșterea înțelegerii, respectului și iubirii reciproce.

Tehnici pentru a îmbunătăți relația de cuplu bazată pe încredere și respect

* Comunicare deschisă și sinceră:

Este important să puteți vorbi deschis și sincer unul cu celălalt despre nevoile, dorințele și sentimentele voastre. Ascultați-vă reciproc și încercați să înțelegeți perspectiva celuilalt. Comunicarea deschisă și sinceră într-o relație de cuplu este esențială pentru o relație sănătoasă și fericită. Este important să împărtășim gândurile, sentimentele și nevoile noastre cu partenerul nostru, să fim sinceri și să ascultăm cu atenție ceea ce celălalt are de spus.

Atunci când avem o comunicare deschisă, putem evita conflictele și neînțelegerile, putem rezolva problemele în mod eficient și putem construi o relație puternică și solidă. Este important să ne exprimăm dragostea și aprecierea față de partenerul nostru, să fim empatici și să înțelegem perspectivele celuilalt.

În plus, este esențial să fim sinceri în privința nevoilor noastre, să spunem clar ceea ce ne deranjează sau ceea ce avem nevoie pentru a fi fericiți în relație. Ascultarea activă și empatia sunt de asemenea aspecte importante ale unei comunicări eficiente în cuplu.

În concluzie, comunicarea deschisă și sinceră este cheia pentru o relație sănătoasă și fericită. Este important să fim sinceri și empatici unul față de celălalt, să ne ascultăm și să ne sprijinim reciproc pentru a construi o relație împlinită și de lungă durată.

* Respect reciproc:

Respectul reciproc este unul dintre cele mai importante aspecte într-o relație de cuplu sănătoasă. Acesta implică recunoașterea și aprecierea nevoilor, dorințelor, gândurilor și sentimentelor partenerului sau a partenerei.

Respectul reciproc înseamnă să accepți partenerul sau partenera așa cum este, să îl sau să o asculți cu atenție, să ai încredere în el sau în ea, să îi acorzi spațiu și libertate, să fii sincer și deschis în comunicare și să îți implici partenerul sau partenera în luarea deciziilor importante.

Atunci când există respect reciproc într-o relație, partenerii se simt valorizați, înțeleși, sprijiniți și iubiți. Acest lucru creează o legătură puternică și solidă între cei doi, care îi ajută să depășească provocările și obstacolele care pot apărea în viața de cuplu.

Prin urmare, este important să acorzi o atenție deosebită respectului reciproc în relația ta de cuplu și să depui eforturi pentru a menține această valoare în centrul relației voastre. O relație bazată pe respect reciproc are toate șansele să fie sănătoasă, fericită și împlinitoare pentru ambele părți.

Încercați să vă respectați unul pe celălalt, indiferent de situație. Arătați apreciere și recunoaștere pentru contribuțiile și eforturile partenerului vostru.

- Fidelitate și sinceritate:

Fidelitatea și sinceritatea sunt două aspecte extrem de importante într-o relație de cuplu sănătoasă și fericită. Acestea sunt fundamentale pentru a construi și menține o legătură puternică și de încredere între parteneri.

Fidelitatea înseamnă a fi loial și dedicat partenerului tău, a-i acorda întreaga ta încredere și a te angaja să fii doar al lui/ale ei. Este important să fii sincer și deschis cu partenerul tău în privința sentimentelor, gândurilor, dar și a acțiunilor tale în relație.

Sinceritatea înseamnă a comunica deschis și onest în relație, a fi transpareți unul cu celălalt și a nu ascunde lucruri importante sau a minți.

Este esențial să fii sincer în legătură cu nevoile, dorințele și temerile tale, dar și să asculți cu atenție nevoile și preocupările partenerului tău.

Fidelitatea și sinceritatea se completează reciproc într-o relație și sunt cheia pentru a construi o conexiune autentică și puternică în cuplu. Prin respect reciproc, încredere și comunicare deschisă, partenerii pot înțelege mai bine nevoile și dorințele celuilalt și pot să construiască împreună o relație sănătoasă, bazată pe respect și iubire reciprocă.

Fiți fideli unul celuilalt și să aveți încredere unul în celălalt. Fiți sinceri cu partenerul vostru și evitați să ascundeți lucruri importante sau să mințiți.

- Împărtășiți interese comune:

Este important să aveți interese comune pentru a putea construi o relație sănătoasă și satisfăcătoare în cuplu. Aceste interese pot include activități pe care le puteți face împreună, hobby-uri comune sau pasiuni pe care le împărtășiți.

De exemplu, puteți fi amândoi pasionați de călătorii și să vă bucurați de explorarea de destinații noi împreună. Sau poate aveți interes pentru gastronomie și vă place să gătiți împreună sau să încercați restaurante noi.

Interesele comune vă pot ajuta să vă conectați în moduri diferite și să vă bucurați de timpul petrecut împreună. De asemenea, vă pot oferi subiecte de conversație interesante și să vă ajute să vă cunoașteți mai bine unul pe celălalt.

Este important să aveți și spațiu și timp pentru interese individuale, dar să aveți și câteva activități sau pasiuni comune poate consolida legătura dintre voi și să vă aducă mai aproape unul de celălalt.

Găsiți lucruri pe care le puteți face împreună și care vă fac pe amândoi fericiți. Petreceți timp împreună și construiți amintiri frumoase.

- Rezolvarea conflictelor în mod sănătos:

Nu evitați conflictele, ci învățați să le abordați în mod constructiv. Ascultați-vă reciproc și găsiți soluții care să fie satisfăcătoare pentru amândoi. Conflictul este un aspect inevitabil în orice relație de cuplu, dar modul în care acesta este gestionat poate face diferența între o relație sănătoasă și una nesănătoasă. Iată câteva strategii pentru a rezolva conflictul în mod sănătos în relația de cuplu:

Comunicare deschisă și sinceră aduce adesea cele mai bune soluții.Este important să comunicați cu partenerul dumneavoastră în mod deschis și sincer. Ascultați-vă reciproc și exprimați-vă sentimentele și nevoile în mod clar și respectuos.

Evitați critica și jignirile chiar dacă sunteti foarte supărat și plin de emoții negative. Încercați să evitați atacurile personale și să vă concentrați pe problema în discuție. Apelați la limbajul non-violent și evitați să folosiți cuvinte care ar putea răni sau ofensa pe celălalt.

Încercați să înțelegeți punctul de vedere al partenerului când apar careva probleme. Încercați să vă puneți în locul partenerului și să înțelegeți de ce simte sau gândește așa cum o face. Empatia poate ajuta la depășirea diferențelor și la găsirea unui compromis.

Găsiți soluții împreună atunci când apar careva probleme. În loc să vă concentrați pe câștigarea conflictului, încercați să găsiți soluții care să fie satisfăcătoare pentru amândoi. Găsiți un compromis care să fie echitabil și care să țină cont de nevoile și dorințele fiecărui partener.

Învață să ierți.Iertarea este crucială în orice relație, mai ales atunci când există conflicte. Încercați să iertați și să mergeți înainte, fără a reveni constant la trecutul conflictelor.

Dacă aveți dificultăți în gestionarea conflictelor sau simțiți că nu puteți rezolva singuri problemele din relația de cuplu, nu ezitați să apelați la un specialist în terapie de cuplu. Aceasta vă poate ajuta să înțelegeți mai bine problemele și să găsiți soluții sănătoase pentru relația dumneavoastră.

În concluzie, rezolvarea conflictelor într-un mod sănătos în relația de cuplu necesită comunicare deschisă, respect reciproc, înțelegere și compromis. Cu răbdare, empatie și iubire, puteți depăși orice obstacol și consolida relația dumneavoastră.

- .Încurajarea și sprijinul reciproc.

Au un rol foarte important în menținerea unei relații sănătoase și fericite. Încurajarea reciprocă înseamnă să ai încredere în partener și să-l susții în momentele dificile, să-l încurajezi să-și urmeze visurile și să-i arăți apreciere pentru eforturile sale.

Sprijinul reciproc înseamnă să fii acolo pentru partener în momentele de nevoie, să-l ajuți să depășească obstacolele și să-i oferi sprijin emoțional și practic. Este important să vă ascultați unul pe celălalt, să vă încurajați să vă dezvoltați și să vă susțineți reciproc în atingerea obiectivelor personale și comune.

Prin încurajarea și sprijinul reciproc, puteți crea o legătură puternică și profundă în relația voastră de cuplu, care să vă ajute să depășiți orice provocare și să vă bucurați de fericire și împlinire alături unul de celălalt.

Fiți susținători unul pentru celălalt și încurajați-vă să vă îndepliniți obiectivele și visurile. Sprijiniți-vă unul pe celălalt în momentele dificile.

- Înțelegerea și acceptarea diferențelor:

Fiecare persoană este unică și are propriile calități și defecte. Încercați să înțelegeți și să acceptați diferențele dintre voi și să le valorificați. Înțelegerea și acceptarea diferitelor persoane și moduri de a fi este esențială într-o relație de cuplu sănătoasă și fericită. Este important să recunoaștem faptul că fiecare persoană este unică, cu propriile sale experiențe, gânduri și sentimente.

Atunci când vine vorba de diferențe în cuplu, este important să fim deschiși și să ne ascultăm unul pe celălalt.

Comunicarea deschisă și empatică este cheia pentru a rezolva
eventualele neînțelegeri sau conflicte care pot apărea din cauza
diferențelor.

De asemenea, este important să recunoaștem că nu suntem
întotdeauna de acord cu partenerul nostru și că este normal să
avem opinii și perspective diferite. În loc să încercăm să schimbăm
sau să controlăm persoana de lângă noi, ar trebui să ne concentrăm
pe acceptarea și acceptarea diferitelor moduri de a fi și de a gândi.
Acceptarea și înțelegerea diferențelor în cuplu ne pot ajuta să
construim o legătură mai puternică și mai profundă, bazată pe
respect reciproc și iubire adevărată. În cele din urmă, relația de
cuplu este despre a fi alături de cineva care te completează și te
îmbogățește, chiar și atunci când aveți diferențe.

- Demonstrarea afecțiunii și iubirii: Arătați-vă iubirea și
  afecțiunea în mod regulat. Atingeri, cuvinte frumoase și gesturi
  mici de apreciere pot face minuni în consolidarea relației
  voastre. O modalitate de a demonstra afecțiune și iubire într-o
  relație de cuplu este prin comunicare deschisă și sinceră. Este
  important să-i spui partenerului sau partnerei tale cât de mult
  îi apreciezi și îi iubești, exprimându-ți sentimentele în mod clar
  și sincer.

De asemenea, poți arăta afecțiune prin gesturi mici și atente,
precum săruturi, îmbrățișări sau mici cadouri. Aceste gesturi simple
pot face o diferență mare în relația voastră și pot arăta partenerului
sau partnerei tale cât de mult îți pasă de el sau de ea.În plus, este
important să fii prezent și să acorzi atenție partenerului sau
partnerei tale în momentele importante sau în momentele dificile.
Fiind alături de el sau de ea și oferindu-i suportul tău, îi vei arăta
cât de mult îți pasă și îți pasa de relația voastră.

Nu uita să fii empatic și să încerci să înțelegi nevoile și dorințele
partenerului sau partnerei tale. Ascultarea activă și înțelegerea
perspectivei lui sau a ei pot consolida legătura voastră și pot
demonstra iubirea și respectul pe care îl ai pentru celălalt.
E este important să demonstrezi iubirea în mod constant și
consecvent, construind astfel o relație sănătoasă și fericită în care
amândoi vă simțiți iubiți și apreciați.

* Lucrați împreună pentru a vă îmbunătăți relația.Identificați
  aspectele care pot fi îmbunătățite în relația voastră și lucrați
  împreună pentru a le rezolva. Fiți deschiși și flexibili în a face
  schimbări pentru binele relației voastre.

* Mențineți relația proaspătă și interesantă indiferent de câți ani
  ați fi in acea relație.Căutați modalități de a menține relația
  voastră proaspătă și interesantă. Experimentați lucruri noi
  împreună, planificați escapade romantice și încercați să vă
  surprindeți unul pe celălalt din când în când.

Vă propun 10 exerciții de aplicat pentru a avea o relație de cuplu
mai buna ,bazată pe încredere și respect.

1. Comunicare onestă ,discutați deschis și sincer despre
gândurile, sentimentele și nevoile voastre.
De exemplu, puteți spune partenerului că vă simțiți neglijat
când nu vă ascultă atunci când vorbiți.

2. Respect reciproc ,tratați-vă cu respect și să nu folosiți
cuvinte sau gesturi jignitoare.
De exemplu, nu folosiți insulte sau reproșuri când discutați
cu partenerul.

3. Să ascultați activ ,ascultați cu atenție ce spune partenerul vostru și arătați interes față de sentimentele și perspectivele sale.
De exemplu, puteți repeta ceea ce partenerul a spus pentru a arăta că îl ascultați cu atenție.

4. Încurajați-vă reciproc ,sprijiniți-vă unul pe celălalt în atingerea obiectivelor și încurajați-vă să vă îmbunătățiți reciproc.
De exemplu, puteți încuraja partenerul să-și urmeze pasiunea și să-și atingă obiectivele stabilite.

5. Petreceți timp de calitate împreună, faceți activități pe care le plac amândurora și petreceți timp de calitate împreună pentru a vă consolida relația.
De exemplu, puteți merge la cinema sau faceți o plimbare în parc împreună.

6. Fiți deschiși și învățați să încredere ,învățați să vă deschideți unul celuilalt și să vă împărtășiți temerile și neliniștile.
De exemplu, puteți spune partenerului că vă este frică de situația financiară a familiei și că aveți nevoie de sprijinul său.

7. Rezolvați conflictele în mod constructiv ,învățați să gestionați conflictele într-un mod calm și constructiv, fără a recurge la critici sau acuze. De exemplu, puteți stabili reguli pentru a rezolva conflictele, cum ar fi evitarea înjurăturilor și a gesturilor agresive.

8. Apreciați-vă reciproc ,arătați recunoștință și apreciere față
de partenerul vostru pentru ceea ce face pentru relație și
pentru voi înșivă.
De exemplu, puteți spune "Mulțumesc că ești mereu aici
pentru mine și mă susții în tot ceea ce fac".

9. Păstrați romantismul viu ,mențineți flacăra vie în relație
prin făcând gesturi romantice și surprinzându-vă reciproc cu
mici atenții.
De exemplu, puteți face o cină romantică acasă sau
cumpărați un cadou special pentru partener.

10. Luați decizii împreună ,implicați-vă reciproc în luarea
deciziilor importante și fiți deschiși la compromisuri pentru a
ajunge la un consens.
De exemplu, puteți decide împreună cum să gestionați
finanțele sau care este următorul pas în relația voastră.

"Armonia în cuplu nu înseamnă că sunteți mereu de acord, ci că înțelegeți să vă respectați diferențele și să lucrați împreună pentru a găsi un echilibru."

"Secretul unei vieți de cuplu fericite este să înveți să faci compromisuri și să fii dispus să lucrezi în echipă cu partenerul tău." - Michelle Obama

"Pentru a avea o relație armonioasă, trebuie să existe încredere, comunicare și sinceritate între parteneri." - Helen Fisher

Capitolul 4

Gestionarea conflictelor

Cum să gestionezi conflictele în cuplu într-un mod sănătos și constructiv, fără a recurge la reproșuri sau la violență verbală.

Conflictele în relațiile de cuplu pot apărea din diverse motive, cum ar fi diferențe de opinii, neînțelegeri, probleme de comunicare sau nevoi neîmplinite. Este important să gestionăm aceste conflicte într-un mod sănătos și constructiv pentru a menține relația sănătoasă și armonioasă.

Este important să îți amintești că conflictul este natural și inevitabil în relațiile de cuplu, însă modul în care gestionezi aceste situații este crucial pentru sănătatea și fericirea relației tale. Fiți deschiși, empatici și conștienți de nevoile și sentimentele celuilalt pentru a construi o relație sănătoasă și armonioasă.

Iată câteva idei pentru soluționarea conflictelor din cuplu fără a recurge la reproșuri sau violență verbală:

- Comunicarea deschisă.Este important să discutați deschis și sincer despre problemele din relație. Ascultați cu atenție punctele de vedere ale partenerului și încercați să găsiți soluții împreună.

- Empatia. Încercați să vă puneți în locul celuilalt și să înțelegeți de ce anumite lucruri îl deranjează sau îl supără. Demonstrați empatie și înțelegere față de sentimentele partenerului.

- Găsirea unor soluții comune. Încercați să găsiți soluții care să satisfacă nevoile și dorințele ambilor parteneri. Colaborați în rezolvarea conflictului în loc să vă luptați unul împotriva celuilalt.

Controlul emoțiilor.Încercați să vă păstrați calmul în timpul discuțiilor conflictuale și să evitați să spuneți lucruri pe care le-ați putea regreta ulterior. Exprimați-vă sentimentele într-un mod controlat și respectuos.
În final, este important să vă amintiți că niciun conflict din cuplu nu trebuie să escaladeze în reproșuri sau violență verbală.
Încercați să abordați problemele cu calm și respect reciproc pentru a menține o relație sănătoasă și armonioasă.

Sa nu uitam : Violenta verbala in cuplu este o forma de abuz emoțional care poate avea consecințe grave asupra partenerilor implicați. Aceasta poate include insulte, amenințări, jigniri sau criticarea constanta a partenerului. Este important sa recunoastem si sa condamnam astfel de comportamente in cuplu, deoarece pot deteriora relatiile si pot afecta profund stima de sine a unei persoane. Este recomandat sa se apeleze la ajutor specializat, cum ar fi terapia de cuplu sau consilierea psihologica, pentru a gestiona si a depăși aceste situații.
Violenta verbala in cuplu poate avea consecinte devastatoare atat pentru persoanele implicate, cat si pentru relatia lor. Iata cateva consecinte ale violentei verbale in cuplu:
1. Deteriorarea relatiei.
Violenta verbala poate distruge treptat increderea si respectul dintre parteneri, conducand la o deteriorare a relatiei.
Comunicarea negativa si critica constanta pot crea tensiuni si conflict in cuplu, facandu-i pe parteneri sa se retraga emotional unul de celalalt.

2. Impactul asupra stimei de sine.
Cuvintele dure si critica constanta pot afecta stima de sine a uneia sau ambilor parteneri, conducand la sentimente de inferioritate, neputinta si lipsa de valoare. Persoanele care sunt supuse violentei verbale pot dezvolta probleme de sanatate mentala, precum anxietate, depresie sau tulburari de alimentatie.

3. Ciclul abuzului.
Violenta verbala poate fi un indicator al unui model mai larg de abuz emotional sau fizic in cuplu. Daca un partener recurge la violenta verbala intr-o relatie, exista riscul ca acest comportament sa escaladeze in violenta fizica sau emotionala mai grava in viitor.

4. Izolare sociala.
Persoanele care sunt supuse violenta verbala pot ajunge sa se retraga din relatii sociale si sa se izoleze, de teama de a fi judecate sau criticate. Acest lucru poate duce la pierderea suportului social si emotional, accentuand sentimentele de singuratate si izolare.

5. Impactul asupra copiilor.
Copiii care cresc intr-un mediu in care exista violenta verbala pot fi afectati profund de acest lucru. Ei pot reproduce modelele de comportament pe care le observa in familie si pot dezvolta probleme de comportament, probleme emotionale sau tulburari de dezvoltare.
Pentru a preveni consecintele negative ale violentelor verbale in cuplu, este important sa se recunoasca si sa se adreseze problema inca de la primele semne. Cuplurile pot beneficia de consiliere de cuplu, terapie individuala sau grupuri de suport pentru a invata cum sa comunice eficient, sa rezolve conflictele in mod sanatos si sa construiasca o relatie de respect si incredere reciproc. Este esential ca partenerii sa se angajeze in procesul de schimbare si sa faca eforturi constiente pentru a evita repetarea comportamentelor toxice.După cum am mai menționat,conflictele din cuplu sunt inevitabile și pot apărea din diferite motive, cum ar fi diferențele de opinii, neînțelegeri, stresul sau lipsa de comunicare.

Gestionarea acestor conflicte în mod pașnic și armonios este esențială pentru menținerea unei relații sănătoase și fericite. Gestionarea conflictelor în cuplu în mod pașnic și armonios necesită comunicare deschisă, sinceră, respect reciproc, capacitatea de a găsi soluții și dorința pentru a rezolva problemele într-un mod constructiv. Este important să lucrați împreună cu partenerul pentru a menține o relație sănătoasă și fericită.

"Nu e important de unde vine conflictul, important e cum il gestionăm."
Dalai Lama

Vă propun 10 exercitiii practice pentru gestionarea mai buna a conflictelor in cuplu .

1. Comunicarea deschisa si onesta.
Incercati sa va exprimati sentimentele si nevoile in mod clar si respectuos.
De exemplu, in loc sa va enervati unul pe celalalt fara un motiv intemeiat, discutati deschis despre ceea ce va deranjeaza si cum puteti rezolva problema impreuna.

2. Ascultarea activa.
Cand partenerul dumneavoastra va vorbeste despre o anumita situatie sau conflict, asigurati-va ca ii acordati atentie si ca il intelegeti.
De exemplu, puteti repeta ce a spus partenerul dumneavoastra pentru a arata ca il ascultati cu adevarat si ca va pasa de ceea ce spune.

3. Negocierea.
Incercati sa gasiti solutii de compromis care sa fie satisfacatoare pentru ambele parti.
De exemplu, daca nu va puteti intelege asupra unei anumite chestiuni legate de banii de cheltuit, discutati despre un plan de cheltuieli comun care sa va satisfaca pe amandoi.

4. Controlul emotiilor.
Invatati sa va pastrati calmul in timpul unei dispute si sa evitati reactiile impulsive sau nervoase.
De exemplu, daca simtiti ca va suparati, luati o pauza si indreptati-va atentia catre respiratie sau alte tehnici de relaxare.

5. Respectul reciproc.
Asigurati-va ca va tratati unul pe celalalt cu respect si intelegere,
chiar in timpul unui conflict.
De exemplu, evitati insultele sau cuvintele dure si concentrati-va
pe gasirea unei solutii constructiva.

6. Empatia.
Incercati sa va puneti in locul partenerului si sa intelegeti
perspectiva sa.
De exemplu, daca partenerul dumneavoastra se simte neglijat sau
nesocotit din cauza programului dumneavoastra incarcat,
incercati sa vedeti situatia prin ochii lui si sa gasiti modalitati de a-
i arata ca va pasa de sentimentele sale.

7. Rezolvarea conflictelor in mod constructiv .
Evitati sa evitati sau sa ingropati problemele sub pres, ci incercati
sa le abordati in mod deschis si constructiv.
 De exemplu, daca aveti nevoie de spatiu personal, discutati
despre aceasta nevoie cu partenerul dumneavoastra in loc sa va
retrageti fara explicatii.

8. Consensul.
Incercati sa ajungeti la un consens in ceea ce priveste rezolvarea
conflictului si sa actionati impreuna pentru a gasi o solutie care sa
fie satisfacatoare pentru ambele parti.
De exemplu, daca nu va puteti intelege asupra unei decizii
importante, incercati sa gasiti un teren comun si sa luati o decizie
impreuna.

9. Recunoasterea greselilor proprii .
Fiti dispusi sa recunoasteti cand faceti o greseala sau cand va
comportati intr-un mod care afecteaza relatia.
De exemplu, daca ati spus sau faceti ceva care l-a ranit pe
partenerul dumneavoastra, recunoasteti si cereti-i scuze pentru
actiunile dumneavoastra.

10. Iertarea si mersul mai departe .
Invatati sa iertati si sa lasati in urma conflictele trecute pentru a
putea construi o relatie mai puternica si mai sanatoasa.
 De exemplu, daca v-ati certat pe o problema mai veche,
incercati sa puneti punct acestei dispute si sa mergeti inainte cu
incredere.

"Increderea și respectul reciproc sunt
temelia unei relații puternice și durabile."

"Armonia în cuplu poate fi atinsă numai atunci când ambii parteneri sunt dispuși să-și pună egourile deoparte și să lucreze împreună pentru a construi o relație sănătoasă." - Esther Perel

"Iubirea adevărată este cea care îți aduce liniște și armonie în suflet, indiferent de obstacolele cu care te confrunți în relația ta de cuplu." - Dalai Lama

"O relație armonioasă nu înseamnă că nu veți avea niciodată certuri sau neînțelegeri, ci că sunteți dispuși să depuneți efortul și să aveți răbdare să le rezolvați împreună." - John M. Gottman

"Armonia în cuplu se bazează pe comunicare, înțelegere și compromisuri reciproc." - Esther Perel

Capitolul 5

Asertivitatea și auto-cunoașterea

Cum să-ți exprimi nevoile și dorințele în cuplu într-un mod asertiv, sănătos și empatic, fără a le impune partenerului/partenerei tale.

Asertivitatea și auto-cunoașterea sunt două aspecte extrem de importante în relațiile de cuplu. Atunci când îți cunoști punctele tari și punctele slabe, poți comunica mai eficient cu partenerul tău și să îți exprimi nevoile și dorințele într-o manieră sănătoasă și constructivă.

Asertivitatea înseamnă a-ți exprima gândurile, sentimentele și nevoile în mod clar și direct, fără a fi agresiv sau defensiv. Cu cât ești mai asertiv, cu atât vei reuși să stabilești o comunicare mai deschisă și să eviți conflictele sau frustrările care pot apărea din cauza unui comportament pasiv-agresiv sau evitativ.

Auto-cunoașterea este esențială pentru a avea relații sănătoase și fericite. Atunci când îți cunoști foarte bine nevoile, dorințele, valorile și limitele personale, vei știi exact ce îți dorești de la o relație și vei putea comunica mai eficient aceste lucruri partenerului tău. Totodată, auto-cunoașterea te ajută să te dezvolți

Prin urmare, dacă vrei să ai relații de cuplu sănătoase și fericite, este important să îți dezvolți atât asertivitatea, cât și auto-cunoașterea. Comunică deschis și sincer cu partenerul tău, fii autentic și onest cu tine însuți și fii mereu deschis la auto-cunoaștere și dezvoltare personală. Astfel, vei putea construi și menține o relație puternică și plină de susținere reciprocă.
și să îți îmbunătățești relația cu tine însuți și cu ceilalți.

Prin urmare, dacă vrei să ai relații de cuplu sănătoase și fericite, este important să îți dezvolți atât asertivitatea, cât și auto-cunoașterea. Comunică deschis și sincer cu partenerul tău, fii autentic și onest cu tine însuți și fii mereu deschis la auto-cunoaștere și dezvoltare personală. Astfel, vei putea construi și menține o relație puternică și plină de susținere reciprocă.
Comunicarea deschisă și sinceră între parteneri este esențială într-o relație sănătoasă. Atunci când îmi exprim nevoile și dorințele în cuplu, încerc să o fac într-un mod asertiv, respectuos și empatic.
În primul rând, îmi asum responsabilitatea pentru propriile nevoi și dorințe și îmi exprim cu claritate ceea ce mi-ar face să mă simt fericit și împlinit în relația noastră. De asemenea, încerc să fiu deschis la feedback și să ascult cu atenție nevoile și dorințele partenerului meu.În același timp, încerc să fiu empatic și să încerc să înțeleg perspectiva și sentimentele partenerului meu. În acest fel, îmi pot exprima nevoile și dorințele într-un mod care să fie respectuos față de sentimentele și nevoile lui.
Atunci când îmi exprim nevoile și dorințele în cuplu, încerc să o fac într-un mod asertiv, sănătos și empatic, astfel încât să construiesc o relație solidă și sănătoasă în care amândoi ne simțim înțeleși și sprijiniți.

Comunicarea deschisă și sinceră este cheia pentru a exprima nevoile și dorințele personale în cuplu fără a le impune partenerului. Este important să îți exprimi gândurile și sentimentele într-un mod respectuos și empatic, fără a forța sau manipula persoana iubită.
Pentru a transmite nevoile și dorințele tale într-o manieră sănătoasă în cuplu, poți începe discuția cu o întrebare sau cu o declarație care să deschidă calea pentru o conversație constructivă.

Îți poți exprima nevoile și dorințele într-un mod care să arate că ești deschis la dialog și la compromisuri, dar fără a renunța la ceea ce este important pentru tine.

De asemenea, este esențial să asculți și să iei în considerare și nevoile și dorințele partenerului tău în relația voastră. Încurajarea unei comunicări deschise și sincere din ambele părți va ajuta la consolidarea relației și la găsirea unui echilibru între nevoile și dorințele personale și cele ale partenerului. Este important să fii empatic și să înțelegi perspectiva celuilalt înainte de a-ți exprima propriile nevoi și dorințe.

Vă propun 10 exercitii de aplicat pentru a avea o relație de cuplu sănătoasă si sa dezvolți punctele tari ale cuplului tău.

1. Comunicare deschisă și sinceră ,discutați deschis și sincer despre sentimentele, nevoile și dorințele voastre pentru a evita neînțelegerile și resentimentele.
Exemplu: "Îmi place când îmi spui sincer ce simți, chiar dacă uneori poate fi greu de auzit."

2. Respect reciproc ,tratați-vă cu respect și cu încredere, recunoscând valoarea fiecărui partener.
 Exemplu: "Mă bucur să te văd făcând ceea ce iubești, merită să fii apreciat pentru munca ta."

3. Împărtășirea responsabilităților ,colaborați pentru a împărți echitabil sarcinile și responsabilitățile de zi cu zi pentru a menține un echilibru și armonie în relație.
Exemplu: "Te rog să mă ajuți să fac curățenia astăzi, am nevoie de sprijinul tău."

4. Sprijin reciproc ,susțineți-vă unul pe celălalt în momentele
dificile și fiți acolo pentru a vă încuraja reciproc să vă atingeți
obiectivele și visele.
Exemplu: "Sunt mândru de tine pentru că ai avut curajul să
îți urmezi visul, știu că vei reuși."

5. Petrecerea timpului împreună, faceți eforturi să petreceți
momente de calitate împreună, să vă conectați și să vă întăriți
legătura emoțională.
Exemplu: "Mi-a plăcut să mergem la film împreună, putem
face asta mai des."

6. Rezolvarea conflictelor în mod constructiv ,învățați să
gestionați și să rezolvați conflictele în mod pașnic și cu
respect reciproc, evitând acuzele și jignirile.
Exemplu: "Propun să stăm de vorbă și să încercăm să găsim o
soluție echitabilă pentru amândoi."

7. Încurajarea creșterii personale ,motivați-vă reciproc să vă
dezvoltați și să vă realizați potențialul, susținându-vă în
obținerea succeselor personale și profesionale.
Exemplu: "Am încredere în tine și știu că vei reuși să îți atingi
obiectivele, sunt alături de tine în acest drum."

8. Valorizarea intimității și conexiunii emoționale , acordați
timp și atenție nevoilor emoționale ale partenerului, creați
momente intime și romantice pentru a vă apropia unul de
celălalt.
Exemplu: "Când îmi iei mâna în a ta și stăm împreună în
liniște, mă simt atât de conectat cu tine."

9. Flexibilitate și adaptabilitate ,fiți deschiși la schimbare și să fiți flexibili în fața diferitelor situații și provocări pe care le poate aduce viața, colaborați pentru a găsi soluții potrivite pentru amândoi.
Exemplu: "Înțeleg că nu poți fi mereu disponibil pentru mine, dar putem găsi modalități de a petrece timp de calitate împreună."

10. Recunoașterea și aprecierea reciprocă ,exprimați recunoștința și aprecierea pentru partenerul vostru, arătându-vă recunoștința pentru toate aspectele bune pe care le aduce în viața voastră.
Exemplu: "Mă simt recunoscător pentru că ești alături de mine în toate momentele, sunt norocos să te am în viața mea."

"Nu există oglindă care să reflecte frumusețea interioară a unei persoane mai bine decât bunătatea și aservitatea cu care aceasta tratează pe ceilalți."

"Armonia în cuplu vine atunci când amândoi partenerii sunt deschiși să se asculte unul pe celălalt, să-și exprime sentimentele și să rezolve conflictele într-un mod sănătos."
- Daniel Goleman

"Când doi oameni se iubesc cu adevărat, se înțeleg și se completează reciproc, creând astfel o armonie unică în relația lor." - Deepak Chopra

"O relație armonioasă este ca o melodie frumoasă, care necesită echilibru, încredere și sincronizare între parteneri." - Gary Chapman

Capitolul 6

Atenuarea rutinei și cultivarea pasiunii

Cum să menții pasiunea și entuziasmul în cuplu de-a lungul timpului, evitând să cazi în rutină și monotonie.

Atenuarea rutinei în cuplu poate fi un proces natural pe măsură ce trece timpul și relația evoluează. Este important să găsim modalități de a menține viața de cuplu proaspătă și interesantă pentru a menține flacăra vie. Iată câteva idei pentru a atenua rutina în cuplu:

Planificați activități noi și interesante împreună.
Încercați să explorați sau să faceți activități noi împreună, cum ar fi înscrierea la un curs de dans, participarea la un workshop sau organizarea unei excursii de weekend.

* Reluați obiceiurile vechi.
Încercați să reluați obiceiurile și hobby-urile vechi pe care le aveți împreună sau să încercați lucruri noi, cum ar fi gătitul împreună sau pictura.

* Comunicați deschis și onest.
Vorbiți despre nevoile și dorințele voastre în legătură cu relația și încercați să găsiți soluții împreună pentru a evita stagnarea în relație.

* Faceți gesturi mici, dar semnificative.
Gesturi mici, precum un mesaj de dragoste sau o plimbare romantică, pot face minuni în menținerea prospețimii în relație.

- Creșteți experiențele comune.

Faceți planuri pentru a explora locuri noi sau pentru a călători împreună, pentru a împărtăși experiențe noi și a crea amintiri de neuitat.

- Aduceți noutate în intimitate.

- ncercați lucruri noi și aventuroase în dormitor pentru a menține pasiunea vie în relație.

Dacă simțiți că rutina a intrat în relația voastră, nu este niciodată prea târziu să faceți schimbări pozitive pentru a menține aprinsă flacăra dragostei și a prospețimii. Este important să fiți dedicați și hotărâți să faceți eforturi pentru a atenua rutina și pentru a vă bucura de relația voastră pe termen lung.

Va propun 10 exerciții practice pentru atenuarea
rutinei din cuplu.

1. Planificați o excursie surpriză sau o escapadă de weekend într-un loc nou și interesant.

2. Organizați o cină romantică acasă sau la un restaurant pe care nu l-ați încercat încă.

3. Participați împreună la un curs sau activitate nouă, cum ar fi dansul, gătitul sau pictura.

4. Faceți o listă cu activități pe care amândoi vreți să le faceți și încercați să le realizați cât mai curând posibil.

5. Găsiți o nouă activitate sportivă pe care să o faceți împreună, cum ar fi yoga sau alergatul.

7. Organizați o seară de jocuri amuzante,relaxant în care să vă distrați și să petreceți timp împreună.

8. Faceți un proiect pentru voi sau renovare în casă și lucrați împreună la îndeplinirea sa.

9. Urmați un curs online de dezvoltare personală sau de cuplu și discutați despre ceea ce ați învățat.

10. Petreceți o zi întreagă fără a folosi telefoanele mobile sau alte dispozitive electronice și dedicați-vă unul altuia în mod exclusiv.

Pasiunea este un element important într-o relație de cuplu, deoarece aduce o energie și o intensitate specială în relație. Ea reprezintă acea dorință arzătoare și sentiment profund de atracție față de partenerul nostru.

Pasiunea în cuplu poate fi exprimată prin gesturi romantice, momente intime sau conexiune emoțională profundă. Ea poate să ofere o senzație de împlinire și fericire în relație, iar atunci când este prezentă, relația poate fi mai puternică și mai sănătoasă. Pentru a menține pasiunea în cuplu, este important să existe comunicare deschisă și sinceră, dar și să acordați atenție nevoilor și dorințelor partenerului. Este important să încercați lucruri noi împreună, să păstrați flacăra vie și să nu lăsați rutina să pună stăpânire pe relație.

În concluzie, pasiunea în cuplu este o componentă esențială pentru o relație fericită și împlinită și merită să fie păstrată și cultivată în mod constant.

Focul pasiunii într-o relație lungă necesită efort și atenție din partea ambilor parteneri.

Iată câteva sfaturi pentru a menține pasiunea vie în cuplu de-a
lungul timpului.

- Comunicați deschis și sincer.
Comunicarea este cheia oricărei relații sănătoase. Discutați deschis
despre nevoile, dorințele și preocupările voastre pentru a vă
menține conectați și a evita resentimentele și frustrările.

- Mențineți intimitatea fizică.
Atunci când sunteți aproape și vă exprimați afecțiunea unul față de
celălalt, veți menține flacăra pasiunii vie în relație. Nu subestimați
puterea unui sarut sau a unei îmbrățișări pentru a menține legătura
intimă între voi.

- Aventurați-vă împreună.
ncercați lucruri noi și ieșiți din zona de confort în relația voastră.
Participați la activități noi, călătoriți împreună sau încercați hobby-
uri noi pentru a păstra lucrurile interesante și pline de viață.

- Apreciați-vă reciproc.
Nu uitați să vă arătați recunoștința și aprecierea unul față de
celălalt pentru tot ceea ce faceți. O mulțumire simplă și un "te
iubesc" sincer pot face minuni pentru menținerea pasiunii și a
legăturilor voastre emoționale.

- Investiți în timp de calitate împreună.
Dedicați timp fiecărei săptămâni pentru a vă conecta și a vă bucura
de compania unul celuilalt. Organizați date romantice sau petreceți
timp de calitate fără distrageri pentru a vă reconecta și a menține
flacăra pasională vie.

- Lucrați împreună la soluționarea conflictelor

.Orice relație vine cu provocări și neînțelegeri. Învățați să abordați conflictele cu echilibrul și empatia și să lucrați împreună pentru a găsi soluții într-o manieră respectuoasă și constructivă.

- Nu lăsați rutina să vă domine.

Evitați să cădeți într-o rutină monotona și să vă pierdeți interesul și pasiunea pentru relație. Fiți deschiși la schimbare și inovație și căutați modalități noi de a vă menține vie relația.

Menținerea pasiunii vie în cuplu de-a lungul timpului necesită implicare, comunicare sinceră și atenție constantă din partea ambilor parteneri. Fiți deschiși la schimbare, aventuri și noi experiențe pentru a vă menține legătura emoțională și pasională puternică și vie.

Nu evitați sa comunicați deschis și sincer ori de câte ori ceva va deranjează sau nu va este pe plac.Este important să vă exprimați gândurile, sentimentele și nevoile în mod deschis și sincer, fără teama de respingere sau judecată. Ascultați cu atenție partenerul și fiți deschiși la schimbarea și creșterea în relație.

Pentru a menține entuziasmul într-o relație, este important să păstrați flacăra vie prin surprize, gesturi romantice, escapade romantice și aventuri noi împreună.

Fiți creativi și jucați-vă unul cu celălalt pentru a menține entuziasmul vieții de cuplu.

Arătați recunoștință reciprocă.Recunoașterea și aprecierea faptelor bune și eforturilor depuse de partener sunt importante pentru menținerea entuziasmului în relație. Fiți recunoscători pentru momentele frumoase petrecute împreună și arătați-vă aprecierea constant.

Într-o relație, este important să construiți o fundație solidă bazată pe încredere, respect, loialitate și iubire. O relație sănătoasă este construită pe o comunicare deschisă și sinceră, compromisuri, respect reciproc și sprijin necondiționat.
Pentru a menține entuziasmul într-o relație, este important să investiți timp, energie și resurse în relația voastră. Faceți eforturi constante pentru a vă conecta, a vă îmbunătăți și a vă dezvolta împreună ca și cuplu.

Prin urmare, dezvoltarea unui entuziasm constant în relațiile de cuplu necesită implicare, comunicare, apreciere reciprocă și construirea unei relații solide și sănătoase. Este important să vă concentrați pe construirea și menținerea unei legături puternice și să acordați atenție continuă la nevoile și dorințele partenerului pentru a menține întotdeauna flacăra vie în relația voastră.

Rutina în cuplu reprezintă acele obiceiuri, comportamente sau activități repetitive care se desfășoară în mod constant în relația de cuplu. Aceasta poate include aspecte precum programul zilnic, responsabilitățile domestice, comunicarea, activitățile de agrement sau chiar interacțiunile emoționale.
Conceptul psihologic al rutinei în cuplu poate fi privit din mai multe perspective. Pe de o parte, rutina poate aduce un sentiment de siguranță și stabilitate în relație, oferind un cadru de funcționare și predictibilitate într-un mediu de viață comun. Pe de altă parte, rutina poate duce la o pierdere a pasiunii și a entuziasmului inițial din relație, transformându-se în monotonie și plictiseală.
Pentru a gestiona rutina în cuplu în mod sănătos, este important să se acorde atenție atât aspectelor practic-organizatorice ale relației, cât și celor emoționale și de comunicare.

Este benefic să se încerce diversificarea activităților comune, introducerea unor noi elemente în rutină, comunicarea deschisă și onestă despre nevoi și frustrări, menținerea spontaneității și a surprizelor în relație, dar și acordarea spațiului și suportul necesar reciprocului.

Rutina în cuplu poate fi gestionată cu succes atunci când partenerii sunt conștienți de impactul acesteia și investesc efort și resurse în menținerea unei conexiuni sănătoase, respectuoase și înfloritoare în relație.

Evitarea rutinei în cuplu este un concept psihologic care sugerează că menținerea unei relații sănătoase și împlinite necesită aducerea constantă de noutate și progres în relație. Rutina poate să ducă la stagnare, plictiseală și chiar disconfort în relație, deoarece partenerii pot deveni obișnuiți unul cu celălalt și pot începe să se simtă că relația a devenit monotonă.

Pentru a evita rutina în cuplu, este important să valorifici fiecare moment petrecut împreună, să încerci lucruri noi împreună, să menții comunicarea deschisă și sinceră, să încurajezi și să susții unul pe celălalt în dezvoltarea personală și profesională, să îți exprimi aprecierea și iubirea în mod constant, să acorzi atenție echilibrului între spațiul personal și timpul petrecut împreună, să ieșiți din zona de confort și să vă surprindeți reciproc.

Evitarea rutinei în cuplu poate aduce un plus de excitare, conexiune și satisfacție în relație și poate ajuta la menținerea unei atmosfere pozitive și armonioase între parteneri.

Rutina și monotonia pot apărea într-un cuplu atunci când nu mai există noutate sau provocări în relație. Acestea pot pune presiune pe parteneri și pot afecta încrederea și comunicarea între ei.

Pentru a evita rutina și monotonia în cuplu, este important să găsiți modalități de a vă menține relația proaspătă și interesantă.

Iată câteva sfaturi:

- Comunicați deschis și sincer.

Vorbiți despre nevoile, dorințele și așteptările voastre în relație. Ascultați-vă reciproc și găsiți soluții în tandem.

- Faceți lucruri noi împreună.

Încercați activități și hobby-uri noi în doi, explorați locuri noi, călătoriți împreună sau înscrieți-vă la cursuri sau workshop-uri.

- Puneți-vă în valoare reciproc.

Nu uitați să vă arătați aprecierea și afecțiunea unul față de cellalt. Mici gesturi, precum un sărut spontan sau un compliment, pot face minuni pentru relație.

- Mențineți intimitatea.

Fiți deschiși și aventuroși în dormitor, explorați noi tehnici sau fantezii și găsiți momente pentru a vă conecta emoțional și fizic.

- Planificați momente de calitate împreună.

Faceți din timpul petrecut în doi o prioritate și creați ritualuri sau tradiții care să vă aducă bucurie și conexiune.

- Cautați sprijin profesional.

Dacă simțiți că nu puteți depăși rutina și monotonia singuri, puteți apela la terapie de cuplu pentru a vă ajuta să identificați și să rezolvați problemele din relație.

Vă propun 10 Exerciții practice pentru a alunga monotonia și rutina din cuplu:

1. Dans în doi - Înscrieți-vă la un curs de dans sau pur și simplu puneți muzică și dansați împreună acasă.

2. Escapade de weekend - Organizați escapade de weekend în locuri noi și interesante pentru a ieși din rutina zilnică.

3. Cooking night - Organizați o seară în care să gătiți împreună un nou fel de mâncare sau să încercați rețete noi.

4. Jocuri de societate - Jucați jocuri de societate sau de strategie împreună pentru a petrece timp de calitate și a vă distra.

5. Noapte de film - Organizați o noapte de film acasă sau mergeți la cinema pentru a viziona un film pe care amândoi îl doriți.

6. Activități sportive - Practicați un sport sau activitate fizică împreună, precum mersul pe bicicletă, jogging-ul sau escaladă.

7. Cursuri de gătit - Înscrieți-vă la cursuri de gătit sau de preparare a cocktailurilor pentru a învăța lucruri noi și a vă distra împreună.

8. Picnic în aer liber - Organizați un picnic în aer liber sau o plimbare în parc pentru a vă bucura de natură și de timpul petrecut împreună.

9. Sesiuni de spa acasă - Acordați-vă timp pentru a vă relaxa și a vă răsfăța cu sesiuni de spa acasă, precum masaje sau tratamente faciale.

10. Excursii de o zi - Planificați excursii de o zi în diferite locuri din apropiere pentru a explora împreună și a crea amintiri frumoase.

"Secretul unei relații de cuplu fericite nu constă în a evita rutina, ci în a reuși să găsești bucuria și pasiunea în fiecare zi, cultivând constant iubirea și respectul reciproc."

"Armonia în cuplu se bazează pe comunicare, înțelegere și compromisuri reciproc."
- Esther Perel

"Când doi oameni se iubesc cu adevărat, se înțeleg și se completează reciproc, creând astfel o armonie unică în relația lor." - Deepak Chopra

"O relație armonioasă este ca o melodie frumoasă, care necesită echilibru, încredere și sincronizare între parteneri." - Gary Chapman

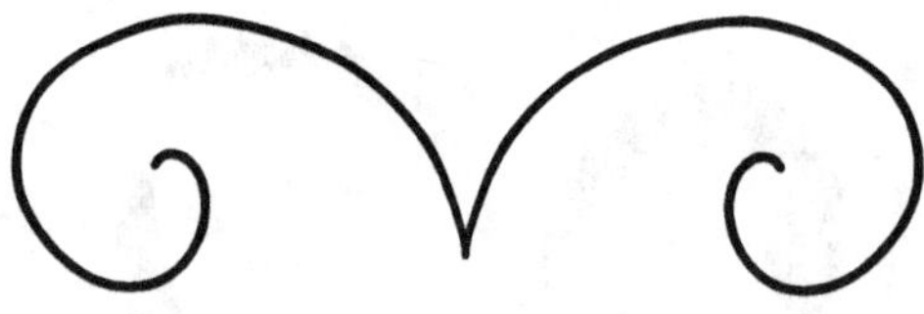

Capitolul 7

Îngrijirea reciprocă și susținerea emoțională.

Cum să îți susții și să îți îngrijești partenerul/partenera în momentele dificile și cum să primești sprijinul și îngrijirea reciprocă într-un mod empatic și iubitor.

Îngrijirea reciprocă și susținerea emoțională sunt aspecte esențiale ale relațiilor sănătoase și satisfăcătoare. Acestea implică acordarea atenției și sprijinirea persoanei dragi în momentele dificile, dar și în cele fericite. A fi acolo pentru celălalt, ascultându-l, încurajându-l și oferindu-i sprijinul necesar, este o modalitate de a întări legătura emoțională și de a construi un parteneriat solid în cuplu sau în relațiile interpersonale.

Îngrijirea reciprocă presupune îngrijirea nevoilor fizice și emoționale ale partenerului, oferindu-i sprijinul și confortul de care are nevoie. A fi atent la nevoile și dorințele celuilalt, găsind modalități de a-i face viața mai ușoară și mai plăcută, este un aspect important al relațiilor sănătoase.

Să ne sprijinim emoțional înseamnă să fim acolo unul pentru celălalt în momente de suferință, dezamăgire sau stres. Ascultând cu atenție și empatie, oferindu-ne susținerea și înțelegerea reciprocă, putem contribui la ameliorarea stresului și la gestionarea mai eficientă a emoțiilor negative.Îngrijirea reciprocă și susținerea emoțională în cuplu sunt elemente cheie în construirea și menținerea unei relații sănătoase și armonioase. Aceste aspecte pot contribui la întărirea legăturii emoționale dintre parteneri și la dezvoltarea unei relații de încredere, respect și solidaritate.

Într-o relație sănătoasă, îngrijirea reciprocă este esențială pentru menținerea unei legături solid și armonioasă. Aceasta implică grijă și atenție față de nevoile și sentimentele partenerului, dar și față de propria persoană.

În concluzie, îngrijirea reciprocă în cuplu presupune o atitudine de respect, atenție și afecțiune față de partenerul dumneavoastră. Prin practicarea acestor modalități de îngrijire, veți contribui la menținerea unei relații sănătoase și fericite pe termen lung.

Susținerea emoțională implică să fii acolo pentru partenerul tău atunci când are nevoie de tine, să îl asculți cu atenție, să îl încurajezi în momente de îndoială sau incertitudine, să îl susții în momente de tristețe sau dificultate și să îi arăți că îl apreciezi și îl iubești.

Comunicarea deschisă și sinceră joacă un rol crucial în susținerea emoțională într-un cuplu. Este important să îți exprimi sentimentele, temerile, dorințele și nevoile în fața partenerului tău și să îi oferi sprijinul și încurajarea de care are nevoie.

De asemenea, este important să fii empatic și să încerci să îți pui în locul partenerului tău înainte de a reacționa sau de a judeca. În acest fel, vei putea oferi o susținere emoțională mai eficientă și vei consolida legătura dintre voi doi.

Susținerea emoțională în cuplu este un aspect crucial al unei relații sănătoase și fericite și necesită atenție și efort din partea ambilor parteneri pentru a putea construi o legătură puternică și solidă.

Acceptarea sprijinului in momente dificile de la partener sau prieteni este extrem de important și benefic pentru sănătatea mentală și emoțională. Este esențial să ai în jurul tău persoane de încredere care te pot susține și încuraja în momentele dificile.

Indiferent dacă ai nevoie de sfaturi practice, o umăr pe care să plângi sau doar compania cuiva care te ascultă, este important să nu îți fie teamă să ceri ajutorul celor din jurul tău. Nu este nimic rușinos sau slăbiciune în a cere sprijin atunci când ai într-adevăr nevoie de el.

Știind că ai pe cineva alături care te susține și te înțelege în momentele grele poate face o diferență majoră în felul în care treci peste obstacolele din viață. Nu ezita să împărtășești cu cei dragi ceea ce simți și să îți ceri sprijinul lor atunci când este nevoie. Oricât de greu ar părea uneori, nu ești singur și merită să primești sprijinul de care ai nevoie.

Sprijinul reciproc într-un mod empatic în cuplu presupune să fii acolo pentru partenerul tău în momentele dificile, să-l asculți cu atenție și să-i arăți înțelegere și compasiune. Este important să fii deschis la comunicare și să oferi sprijin activ, să-i oferi partenerului tău sprijinul de care are nevoie fără a judeca sau critica. De asemenea, este esențial să-ți exprimi propriile emoții și nevoi în relație, pentru a crea un mediu de susținere reciprocă între voi doi.

Astfel, veți putea construi o relație sănătoasă și echilibrată, bazată pe încredere și empatie.

Îngrijirea reciprocă într-un mod iubitor implică acordarea atenției și sprijinului față de persoana cealaltă cu dragoste și respect. Este important să avem grijă de partenerul nostru în moduri care să îl facă să se simtă îngrijit și iubit.

Pentru a dezvolta mai mult această îngrijire reciprocă iubitoare, este important să fim deschiși la comunicare și să ne exprimăm nevoile și dorințele noastre într-un mod clar și empatic.

Trebuie să fim atenți la emoțiile și trăirile partenerului nostru și să fim prezenți și disponibili pentru a-i oferi sprijin și confort atunci când este nevoie.

De asemenea, putem dezvolta această îngrijire prin intermediul unor gesturi mici, dar semnificative, precum un sărut sau o îmbrățișare, un cuvânt de apreciere sau o acțiune de ajutor în momente de nevoie. Este important să fim atenți la nevoile și dorințele partenerului nostru și să facem tot posibilul pentru a le îndeplini într-un mod iubitor și empatic.

În final, îngrijirea reciprocă într-un mod iubitor necesită să fim empatici, răbdători, comunicativi și generoși. Este important să avem încredere unul în celălat și să fim prezenți și dedicati în relația noastră pentru a ne susține și îngriji reciproc într-un mod iubitor și empatic.

Vă propun 10 exerciții practice pentru îngrijirea reciprocă și susținerea emoțională în cuplu .

1. Faceți timp să vă ascultați unul pe celălalt în fiecare zi, fără să întrerupeți sau să judecați.

2. Organizați seri romantice în care să vă conectați emoțional și să discutați despre lucrurile care vă fac fericiți.

3. Făceți un efort să vă susțineți reciproc în momentele dificile, fie că este vorba de probleme la locul de muncă sau de stres în relație.

4. Petreceți timp împreună în natură, redescoperind frumusețea și liniștea peisajelor naturale.

5. Faceți exerciții fizice împreună, ca o modalitate de a vă susține și motiva reciproc să aveți grijă de corpul vostru.

6. Gătiți și savurați mese sănătoase împreună, consolidând legătura voastră prin intermediul hranei.

7. Practicați mindfulness și meditația împreună, pentru a vă relaxa și a vă conecta într-un mod profund.

8. Planificați o excursie sau o călătorie în doi, pentru a vă reînnoi legătura și a vă crea amintiri frumoase.

9. Petreceți timp cu prietenii comuni sau cu familia, pentru a vă simți susținuți și conectați în afara relației voastre.

10. Gesturile mici de afecțiune și apreciere, precum îmbrățișările, sărutările sau cuvintele dulci, sunt extrem de importante în menținerea unei atmosfere calde și pline de iubire în cuplu.

Un exercițiu util pentru a susține și îngriji partenerul/partenera în momentele dificile ar fi să practici empatia și să te pui în locul lor. Încearcă să-ți imaginezi cum s-ar simți ei în situația respectivă și să îți dai seama ce ar avea nevoie pentru a se simți mai bine.
De asemenea, poți încerca să fii acolo pentru ei fără a-i judeca sau critica. Ascultă-i cu atenție și oferă-ți sprijinul fără să le impui propriile tale soluții sau idei.

În plus, arată-ți recunoștința și aprecierea față de partenerul/partenera ta pentru că au încredere în tine și împărtășesc cu tine momentele lor dificile. Fii un sprijin solid și o sursă de comfort pentru ei în timpul acestor momente.

Comunicarea deschisă și sinceră este cheia în a susține și îngriji partenerul/partenera în momentele dificile.
Fii dispus să vorbești despre ceea ce simți și cum te poți implica în a-i susține mai bine în acele momente.

"În dragoste și în viața de cuplu, îngrijirea reciprocă și susținerea emoțională sunt ca două aripi care îi permit sufletului să zboare spre înălțimi neatinse."
- Socrate

"Într-o relație armonioasă, partenerii se sprijină reciproc, își respectă nevoile și se acceptă unul pe celălalt așa cum sunt." - Helen Fisher

"Armonia în cuplu este rezultatul iubirii, respectului și înțelegerii reciproce între doi oameni care își doresc să construiască o relație solidă și sănătoasă." - Michelle Obama

"Pentru a avea o relație armonioasă, trebuie să fii dispus să îți acorzi timpul și energia necesară pentru a îți investi în parteneriat și pentru a crește împreună cu celălalt."
- John Gray

Capitolul 8

Sincronizarea obiectivelor și valorilor în relația de cuplu.

Cum să vă sincronizați obiectivele și valorile în cuplu pentru a construi o relație armonioasă pentru amândoi.

Sincronizarea obiectivelor și valorilor în cuplu este crucială pentru construirea unei relații armonioase și sănătoase. Atunci când partenerii își definesc și își aliniază obiectivele și valorile, relația lor devine mai solidă și mai echilibrată.

Iată câteva sfaturi despre cum să vă sincronizați obiectivele și valorile într-un cuplu:

- Comunicare deschisă. Este important să comunicați deschis și sincer cu partenerul dumneavoastră despre obiectivele și valorile personale. Stabiliți ce este important pentru fiecare dintre voi și aflați cum puteți să vă susțineți reciproc în atingerea acestor obiective.

- Identificarea valorilor comune. Identificați valorile pe care le aveți în comun și care vă unesc ca parteneri. Acestea pot include respectul, încrederea, comunicarea sau alți factori care sunt esențiali pentru o relație sănătoasă.

- Negocierea și compromisul. În relație, este important să fiți deschiși să negociați și să faceți compromisuri atunci când este necesar. Încercați să găsiți un echilibru între obiectivele dumneavoastră individuale și cele comune, și să găsiți soluții care să vă mulțumească pe amândoi.

- Sprijin reciproc. Fiți sprijinitori unul față de celălalt în atingerea obiectivelor și respectați valorile pe care le aveți ca parteneri. Arătați-vă susținerea și încurajările reciproc, și să vă încurajați să evoluați împreună.

- Reevaluarea periodică.Este important să reevaluați obiectivele și valorile voastre în cuplu periodic pentru a vă asigura că sunteți pe aceeași lungime de undă și că relația voastră rămâne armonioasă. Acest lucru vă va ajuta să rezolvați eventualele neînțelegeri sau diferențe și să ajustați direcția în care mergeți împreună.

- Sincronizarea obiectivelor și valorilor în cuplu este un proces continuu care necesită angajament, comunicare și deschidere din partea ambilor parteneri.

Cu efort și dedicare, puteți construi o relație puternică, armonioasă și satisfăcătoare, care să se bazeze pe valorile și obiectivele voastre comune.

Atunci când partenerii au obiective comune și își dedică eforturile pentru a le atinge împreună, relația lor va deveni mai puternică și mai solidă.

Pentru a sincroniza obiectivele în relația de cuplu, este important să comunicați deschis și onest despre ceea ce vă doriți fiecare de la relație și de la viitorul vostru împreună.

Este crucial să fiți de acord cu valorile, interesele și așteptările voastre în legătură cu familia, cariera, finanțele, călătoriile, hobbies-urile și alte aspecte importante ale vieții.

Este important să vă sprijiniți reciproc în atingerea obiectivelor și să vă susțineți unul pe celălalt în momentele dificile sau când întâmpinați obstacole. Fiecare partener ar trebui să acorde atenție nevoilor și dorințelor celuilalt și să fie dispus să facă compromisuri pentru binele comun.

De asemenea, este esențial să vă verificați periodic obiectivele și să vă asigurați că sunteți în continuare pe aceeași lungime de undă. Nu ezitați să vă revizuiți planurile și să adaptați strategiile în funcție de schimbările survenite în viața voastră.

La sincronizarea obiectivelor în relația de cuplu este necesar sa percepem ca este vorba de un proces continuu care necesită implicare, comunicare și susținere reciprocă. Când lucrați împreună pentru atingerea visurilor voastre comune, veți consolida legătura voastră și veți construi o relație puternică și fericită.

Sincronizarea valorilor într-o relație de cuplu poate fi extrem de importantă pentru a asigura o comunicare sănătoasă și o conexiune profundă între parteneri. Atunci când valorile ambilor parteneri se potrivesc sau se aliniază, relația are mai multe șanse de succes și de a rezista la provocările și obstacolele care pot apărea în timp.

Iată câteva strategii pentru a sincroniza valorile în relația de cuplu:

- Deschidere și comunicare. Este important ca ambii parteneri să fie deschiși și onești în ceea ce privește valorile personale și să aibă discuții deschise despre ceea ce contează cu adevărat pentru fiecare dintre ei.

- Respect reciproc. Înțelegerea și respectarea valorilor celuilalt sunt esențiale într-o relație sănătoasă. Acest lucru înseamnă să inițiezi și să susții conversații care să arate recunoașterea și aprecierea perspectivei și a valorilor partenerului tău.

- Compromisul. Uneori, valorile partenerilor pot diferi și este important să fii dispus să faci compromisuri pentru a găsi un echilibru în relație. Obiectivul este de a găsi soluții care să respecte valorile amândurora.

- Lucrul împreună.Identificarea valorilor comune și lucrul împreună pentru a vă încuraja unul pe celălalt să le urmați poate întări legătura și aprofunda conexiunea dintre voi.

- Acceptarea diferențelor. Este important să înțelegi că nu toate valorile trebuie să fie perfect aliniate pentru ca o relație să fie reușită. Poți să oferi și să primești sprijin pentru a-ți urma valorile personale, chiar dacă acestea sunt unice sau diferite de ale partenerului tău.

- Sincronizarea valorilor într-o relație de cuplu poate contribui la construirea unei fundații puternice și la crearea unei relații sănătoase, bazate pe înțelegere, respect și susținere reciprocă.

Este foarte important să sincronizați obiectivele în cuplu pentru a construi o relație sănătoasă și armonioasă. Atunci când aveți obiective comune și lucrați împreună pentru a le atinge, veți simți că sunteți pe aceeași lungime de undă și că sunteți susținători reciproci.

Pentru a sincroniza obiectivele în cuplu, este important să comunicați deschis și sincer despre ceea ce vă doriți să realizați împreună. Este important să ascultați cu atenție nevoile și dorințele partenerului și să vă angajați să lucrați împreună pentru a găsi soluții care să vă aducă împlinire și fericire.

De asemenea, este important să vă gândiți la obiectivele pe termen scurt și pe termen lung și să vă asigurați că acestea sunt compatibile. Este normal să aveți obiective personale diferite, dar este esențial să vă asigurați că există un echilibru între acestea și că aveți un plan pentru a le atinge împreună.

În plus, este important să vă susțineți reciproc în atingerea obiectivelor și să fiți acolo unul pentru celălalt în momentele dificile. Să fiți un partener de încredere și un susținător în timp ce vă susțineți reciproc în călătoria voastră comună va întări legătura voastră și va construi o relație solidă și armonioasă. Sincronizarea valorilor într-un cuplu este foarte importantă pentru construirea unei relații armonioase și durabile. Atunci când partenerii au valori comune sau valorizează același set de principii și credințe, există o coerență și înțelegere mai mare între ei.

Pentru a sincroniza valorile în cuplu, este important să aveți discuții deschise și sincere despre ceea ce este important pentru fiecare dintre voi. Este important să vă ascultați reciproc și să încercați să înțelegeți de ce anumite valori sunt importante pentru partenerul vostru. În același timp, este esențial să vă mențineți propria identitate și să fiți sinceri cu voi înșivă în ceea ce privește ceea ce este cu adevărat important pentru voi.

De asemenea, este important să aveți grijă de comunicarea voastră și să vă sprijiniți unul pe celălalt în implementarea valorilor comune în viața de zi cu zi. Este important să vă susțineți reciproc în atingerea obiectivelor și să fiți deschiși și flexibili în a vă ajusta valorile și prioritățile în funcție de schimbările care pot apărea în relație.

Prin sincronizarea valorilor în cuplu, veți putea construi o relație puternică și armonioasă, bazată pe respect, încredere și colaborare reciprocă. Este important să aveți grijă de aceste valori și să le puneți în practică în fiecare zi pentru a vă bucura de o relație sănătoasă și satisfăcătoare pentru amândoi.

Pentru a construi o relație de cuplu armonioasă pentru amândoi, este important să comunicați deschis și sincer cu partenerul dumneavoastră. Este crucial să vă ascultați reciproc, să vă respectați și să vă susțineți unul pe celălalt în orice situație.

Este important să vă stabiliți obiective și valori comune pentru relație și să lucrați în echipă pentru a le atinge. Încercați să vă implicați activ în viața celuilalt, să petreceți timp împreună și să continuați să vă dezvoltați ca individ și ca cuplu.

De asemenea, este esențial să tratați cu respect și încredere pe partenerul dumneavoastră și să fiți deschiși și compasivi în relație. Încercați să evitați critica și judecata și să vă concentrați pe rezolvarea conflictelor și găsirea soluțiilor în mod matur și constructiv.

În cele din urmă, nu uitați să vă arătați afecțiune și recunoștință unul față de celălalt și să vă bucurați de momentele frumoase pe care le petreceți împreună.
O relație de cuplu armonioasă necesită efort și implicare din partea ambilor parteneri, dar cu un angajament ferm și comunicare deschisă, puteți construi o legătură puternică și durabilă.

Vă propun 10 exerciții practice pentru a sincroniza obiectivele și valorile în cuplu pentru construirea unei relație de cuplu armonioasă pentru amândoi.

1. Comunicare eficientă.
Învață să comunici deschis și sincer cu partenerul tău despre nevoile, dorințele și așteptările tale în relație. Ascultă cu atenție și fii deschis la feedback pentru a identifica și clarifica obiectivele și valorile voastre comune.

2. Stabilirea limitelor sănătoase.
Stabilește limite clare și respectuoase în relație pentru a evita conflictele și a menține o comunicare sănătoasă. Asumă responsabilitate pentru propriile emoții și acțiuni și fii dispus să negociezi și să ajungi la un consens în diferite situații.

3. Gestionarea conflictelor.
Învață tehnici eficiente de gestionare a conflictelor pentru a rezolva diferitele opinii și puncte de vedere într-un mod constructiv și respectuos. Concentrează-te pe găsirea soluțiilor în loc de a atribui vinovăția și evită critica și judecata negativă.

4. Stabilirea priorităților.
Identifică împreună cu partenerul tău valorile și obiectivele comune care sunt importante pentru voi și prioritizați-le pentru a vă ghida în luarea deciziilor și acțiunilor în relație.

5. Creșterea încrederea și respectul reciproc.
Construiește o bază solidă de încredere și respect reciproc în relație prin onestitate, loialitate și sprijin reciproc. Fii deschis și vulnerabil cu partenerul tău și arată apreciere și recunoștință pentru contribuția și calitățile sale.

6. Lucrul în echipă.
Identifică și clarifică rolurile și responsabilitățile fiecărui partener
în relație și colaborați în echipă pentru a atinge obiectivele și
valorile voastre comune. Împărtășiți resursele și sprijiniți-vă
reciproc pentru a vă susține în creșterea și dezvoltarea personală
și relațională.

7. Întreținerea relației.
Investește timp și efort în întreținerea și consolidarea relației prin
petrecerea timpului de calitate împreună, participarea la activități
plăcute și menținerea unei comunicări deschise și sincere.
Încurajează și susțineți-vă reciproc în atingerea obiectivelor și
visurilor personale și comune.

8. Rezolvarea problemelor.
Învățați împreună tehnici de rezolvare a problemelor și de
gestionare a stresului pentru a depăși obstacolele și provocările
care pot apărea în relație. Fii flexibil și deschis la schimbare și
adaptare în funcție de nevoile și circumstanțele în continuă
evoluție.

9. Respectarea spațiului și a individualității.
Recunoașteți și apreciați nevoile și dorințele individuale ale
fiecărui partener și oferiți-vă sprijin și libertate pentru a vă
dezvolta și a vă exprima individualitatea în cadrul relației.
Înțelegeți și respectați diferențele și diversitatea în gândire,
sentimente și acțiuni pentru a vă completa și a vă susține reciproc
în cuplu.

10. Consiliere și terapie de cuplu.

În cazul dificultăților sau conflictelor persistente în relație, considerați încercarea de consiliere și terapie de cuplu pentru a vă oferi un cadru sigur și profesionist de a explora și de a rezolva problemele și de a vă dezvolta abilitățile de comunicare și relaționare în cuplu. Solicitați sprijinul și îndrumarea unui consilier sau terapeut specializat pentru a vă ajuta să vă sincronizați obiectivele și valorile în relație și să construiți o relație de cuplu armonioasă și echilibrată pentru amândoi.

„Un cuplu fericit este format din două persoane care își sincronizează obiectivele și valorile, care se sprijină reciproc în drumul lor către împlinirea personală și relațională."

"Armonia în cuplu este ca o floare delicată, care trebuie udată zilnic cu iubire, respect și înțelegere pentru a înflori și a rămâne frumoasă și sănătoasă."
- Esther Perel

"O relație armonioasă îți dă puterea să treci peste orice obstacol și să te înalți împreună cu partenerul tău în fața provocărilor vieții."
- John Gottman

"Armonia în cuplu nu înseamnă să fii mereu de acord, ci să respecți opiniile și nevoile celuilalt și să găsești împreună soluții pentru a vă rezolva conflictele." – Joan Baez

Capitolul 9

Independența și spațiul personal

. . .

"Într-o relație de cuplu, independența este ca aerul: fiecare parte are nevoie de spațiu personal pentru a respira și a se dezvolta. Doar atunci când suntem capabili să fim noi înșine putem fi cu adevărat alături de celălalt." - Confucius

. . .

Independența personală într-un cuplu este esențială pentru o relație sănătoasă și echilibrată. A avea propriile interese, hobby-uri, prieteni și spațiu personal în cadrul unei relații este important pentru menținerea individualității și a respectului reciproc.

Este important să îți acorzi timp pentru tine însuți și să nu te dedici în totalitate partenerului, renunțând la propriile nevoi și dorințe. Nu trebuie să te simți vinovat sau egoist pentru a-ți exprima independența personală, ci mai degrabă să recunoști că fiecare dintre voi aveți nevoi și dorințe individuale care trebuie îndeplinite pentru a fi fericit și împlinit în relație.

Comunicarea deschisă și sinceră cu partenerul este cheia pentru a stabili limitele și a găsi un echilibru între a fi împreună și a fi independenți. Respectul reciproc și înțelegerea nevoilor și dorințelor celuilalt sunt fundamentale în menținerea unei relații sănătoase și fericite.

Într-o relație de cuplu sănătoasă, fiecare partener ar trebui să aibă libertatea de a fi ei înșiși și de a-și urmări pasiunile și interesele personale, fără a se simți îngrădiți sau controlați de celălalt.
Spațiul personal în cuplu este extrem de important pentru menținerea unei relații sănătoase și echilibrate. Acesta se referă la nevoia fiecărui partener de a avea timp și spațiu pentru sine, pentru a se relaxa, a se concentra pe propriile interese și a se regăsi.
Este important ca fiecare partener să-și respecte nevoile individuale și să își ofere reciproc spațiul și libertatea de care au nevoie. Acest lucru poate însemna să petreacă timp separat, să aibă activități sau hobby-uri pe cont propriu sau pur și simplu să se bucure de momentele de liniște și relaxare în solitudine.
Atunci când ambii parteneri își acordă spațiul personal necesar, se creează un echilibru sănătos în relație, iar aceasta poate să se dezvolte într-un mod mai armonios.
Comunicarea deschisă și respectul reciproc sunt cheia pentru a găsi un echilibru între spațiul personal și conexiunea în cuplu.

Independența și spațiul personal sunt aspecte extrem de importante într-o relație de cuplu sănătoasă. Fiecare partener are nevoie de timp și spațiu pentru a se dezvolta individual, pentru a-și exprima interesele și pasiunile personale și pentru a se regăsi pe sine.
Pentru a menține independența în cuplu, este important să acordați timp și spațiu unul celuilalt pentru a face lucruri de unul singur, pentru a avea momente de intimă introspecție și pentru a petrece timp cu prietenii și familia. Este sănătos să aveți activități și hobby-uri pe care le faceți separat de partenerul vostru, pentru a vă păstra identitatea individuală.

Spațiul personal în cuplu se referă și la respectul față de nevoile și limitele celuilalt. Este important să oferiți spațiul necesar partenerului vostru atunci când are nevoie de timp singur sau de intimitate, fără a-l/a sufoca sau controla. Comunicarea deschisă și sinceră este cheia pentru a găsi un echilibru sănătos între independență și apropiere în cuplu.

Fiecare cuplu este diferit și este important să găsiți un echilibru care să funcționeze pentru amândoi. Respectul reciproc, înțelegerea și comunicarea sunt esențiale pentru a menține o relație sănătoasă și echilibrată.
Un sentiment de autonomie și libertate pentru fiecare partener. Este important să existe un echilibru între timpul petrecut împreună și timpul petrecut separat pentru a avea o relație sănătoasă și fericită. Acest lucru poate însemna să aveți activități sau interese personale care nu includ partenerul sau să aveți momente de singurătate sau de reflecție, fără ca celălalt să se simtă neglijat sau respins.
Fiecare partener are nevoi, dorințe și interese individuale, iar este important să le recunoaștem și să le respectăm. Desigur, comunicarea deschisă și sinceră este cheia pentru a găsi un echilibru între independență și interconectare într-o relație de cuplu.

În plus, acordarea spațiului personal în cuplu poate ajuta la menținerea unei relații sănătoase și la întărirea legăturii dintre parteneri. Acest lucru poate fi benefic pentru dezvoltarea individuală a fiecărui partener, precum și pentru creșterea echiei și respectului în relație.
Independența într-un cuplu este un aspect important pentru menținerea unei relații sănătoase și echilibrate.

Independența într-un cuplu este un aspect important pentru menținerea unei relații sănătoase și echilibrate. Organizarea acestei nevoi poate fi realizată printr-o comunicare deschisă și onestă între parteneri, stabilirea limitelor și respectarea spațiului personal al fiecăruia.

Iată câteva strategii pentru a organiza nevoia de independență în cuplu:

- Stabilirea limitelor și a spațiului personal.Este important ca fiecare partener să aibă propriul spațiu și timp pentru a se dedica pasiunilor și activităților individuale. Stabilește împreună limitele și respectați spațiul personal al celuilalt.

- Comunicarea deschisă și onestă.Discută cu partenerul tău despre nevoile tale de independență și cum puteți găsi un echilibru între timpul petrecut împreună și timpul petrecut singuri sau cu prietenii.

- Încurajează și susține inițiativele individuale.Sprijinirea și încurajarea partenerului în activitățile și pasiunile pe care le are poate contribui la creșterea satisfacției și a relației în cuplu.

- Planificarea timpului împreună și timpului individual.Stabiliți în avans activitățile pe care le veți face împreună și lăsați loc și pentru timpul individual pentru a vă dedica pasiunilor sau activităților personale.

Armonia in cuplu

Ascultă cu atenție sentimentele și cererile partenerului tău și încearcă să le înțelegi și să le respecți.

- Găsirea unui echilibru.Încercați să găsiți un echilibru între nevoia de independență și dorința de a petrece timp împreună. Fiți deschiși la compromisuri și găsiți soluții care să vă mulțumească pe amândoi.

Prin organizarea nevoii de independență în cuplu, veți contribui la consolidarea relației și la creșterea satisfacției în parteneriatul vostru. Este important să acordați atenție nevoilor individuale și să lucrați împreună pentru a menține un echilibru sănătos între viața personală și cea de cuplu.

Organizarea spațiului personal într-o relație de cuplu este crucială pentru menținerea unei relații sănătoase și echilibrate. Este important să găsiți un echilibru între spațiul personal și spațiul comun, astfel încât să vă simțiți confortabil și împliniți în relație.

Pentru a vă organiza spațiul personal într-o relație de cuplu este important să comunicați cu partenerul despre nevoile și preferințele voastre în ceea ce privește spațiul personal.
 Fiți deschiși și sinceri unul cu celălalt și încercați să găsiți un echilibru între timpul petrecut împreună și timpul petrecut singuri.

Încurajați-vă reciproc să creați spații personalizate în locuință în care să vă puteți retrage și relaxa în liniște. Aceste spații ar trebui să reflecte personalitatea și interesele fiecăruia dintre voi.

Este important să respectați spațiul personal al partenerului și să
nu invadați acest spațiu fără permisiune. Încurajați-vă reciproc să
aveți propria intimitate și independență.
Folosiți timpul pe care-l petreceți singuri pentru a vă îngriji de voi
înșivă și pentru a face lucruri care vă aduc bucurie și împlinire.
Acest lucru vă va ajuta să vă mențineți echilibrul și să vă bucurați
de timpul petrecut împreună.

Indiferent cât de mult timp petreceți singuri, este important să vă
reînnoiți conexiunea și să vă petreceți timp de calitate împreună.
Organizați seri romantice sau activități pe care le puteți face
împreună pentru a vă menține legătura puternică.
Este important să găsiți un echilibru între spațiul personal și
spațiul comun în relația voastră de cuplu. Comunicarea deschisă,
respectul reciproc și îngrijirea de sine sunt cheia pentru o relație
sănătoasă și fericită.

Important este să comunicăm deschis și sincer într-o relație de
cuplu atunci când simțim nevoia de independență și spațiu
personal. Este normal să avem momente sau activități individuale
care ne definesc și ne fac să ne simțim împliniți.

Poate fi util să discutăm despre aceste nevoi cu partenerul și să
găsim un echilibru între timpul petrecut împreună și timpul
petrecut singuri sau cu prietenii.

Este important să ne exprimăm dorințele și așteptările noastre în
mod clar, dar respectuos, pentru a evita conflictele sau
interpretările greșite.

În relație de cuplu sănătoasă este important să ne susținem reciproc în dezvoltarea personală și să ne acordăm spațiul necesar pentru a ne simți bine în propriul nostru piele. Având încredere în partener și în relația noastră putem să explorăm și să ne afirmăm individualitatea fără teama de a fi neglijați sau sufocați.

Primordial este să ne asigurăm că avem un spațiu personal bine definit și respectat în relația noastră, pentru a ne putea menține individualitatea și a ne simți întotdeauna în siguranță și confortabil.
Cu toate acestea, este la fel de important să nu neglijăm partenerul nostru și să nu creăm distanțe prea mari între noi.

Pentru a găsi un echilibru în relație, este important să comunicăm deschis cu partenerul nostru despre nevoile și dorințele noastre legate de spațiul personal. Trebuie să ne asigurăm că partenerul înțelege importanța acestui spațiu pentru noi și să lucrăm împreună pentru a găsi soluții care să satisfacă pe amândoi.
Foarte important este să găsim modalități de a ne bucura de timpul petrecut împreună, fără să ne simțim sufocați de prezența constantă a celuilalt.
Astfel, putem să ne organizăm activități comune care să ne apropie și să ne ofere satisfacție reciprocă.
Organizarea spațiului personal în relație este esențială pentru a ne menține echilibrul și bunăstarea emoțională, dar nu trebuie să fie în detrimentul partenerului nostru.

Comunicarea deschisă și înțelegerea reciprocă sunt cheia pentru a găsi un echilibru în acest sens.

Vă propun 10 exerciții practice pentru gestionarea nevoiei de independență și spațiu personal în relație.

1. Comunicarea deschisă și onestă.Încurajați-vă partenerul să vă spună când are nevoie de spațiu personal și respectați aceste nevoi.
Exemplu: discutați despre cât de important este pentru fiecare dintre voi pentru a avea timp și spațiu pentru voi înșivă.

2. Stabilirea limitelor clare.Puneți limite sănătoase în relație și respectați-le reciproc.
Exemplu: stabiliți când și cum puteți avea timp liber, fără să vă simțiți vinovați sau neglijați.

3. Învățați să vă bucurați de timpul petrecut singuri.Descoperiți activități pe care le puteți face în solitudine și care vă fac fericit.
Exemplu: cititul unei cărți, vizionarea unui film sau practicarea unui hobby.

4. Învățați să vă conturați identitatea proprie.Experiențele individuale contribuie la dezvoltarea personală și la stabilirea unui sentiment de independență.
Exemplu: participarea la cursuri sau workshop-uri care vă interesează, explorarea unor pasiuni personale.

5. Încurajați-vă reciproc să aveți relații din afara cuplului.Prietenii, familie și alte relații sociale sunt esențiale pentru un echilibru în viața de cuplu.
Exemplu: încurajați-vă să vă petreceți timp cu prietenii sau să participați la activități sociale individuale.

6. Reamintiți-vă constant de importanța autonomiei într-o relație sănătoasă.Fiecare partener trebuie să aibă spațiu pentru a se dezvolta personal și pentru a se simți independent.
Exemplu: amintiți-vă reciproc că aveți dreptul la spațiu personal și respectați dorințele fiecăruia.

7. Identificați cauzele sentimentului de nevoie de independență.Înțelegerea motivelor din spatele acestei nevoi vă poate ajuta să gestionați mai bine relația. Exemplu: reflectați asupra experiențelor anterioare care v-au afectat dorința de a fi independent și comunicați aceste motive partenerului.

8. Găsiți modalități de a vă susține reciproc în dezvoltarea personală.Sprijinul reciproc în realizarea obiectivelor și a viselor personale poate consolida sentimentul de independență în relație.
Exemplu: încurajați-vă reciproc să vă îndepliniți obiectivele individuale și să vă susțineți în pasiunile personale.

9. Practicați empatia și înțelegerea reciprocă.Fiți deschiși la nevoile și dorințele partenerului și încercați să le înțelegeți în loc să le judecați.
Exemplu: exprimați empatie față de sentimentele partenerului atunci când are nevoie de timp și spațiu personal.

10. Lucrați împreună pentru a găsi un echilibru între nevoile voastre individuale și cele ale cuplului.Colaborarea și comunicarea sunt cheia pentru a menține un echilibru sănătos între autonomie și relație.
Exemplu: discutați despre modalitățile în care puteți avea amândoi timp și spațiu pentru voi înșivă, fără să afectați relația.

"Fiecare om trebuie să-și păstreze un spațiu personal, o independență interioară, chiar și atunci când se află într-o relație. Pentru a iubi cu adevărat pe cineva, trebuie să-ți iubești și să-ți respecți mai întâi propria individualitate." - Oscar Wilde

"Când doi oameni se iubesc cu adevărat, găsesc echilibrul și armonia în relația lor, indiferent de provocările pe care le întâmpină sau de diferențele lor individuale." - Paulo Coelho

"Armonia în cuplu se bazează pe
încredere reciprocă, comunicare deschisă
și capacitatea de a rămâne uniți în fața
greutăților și provocărilor vieții." -
Gary Chapman

"Într-o relație armonioasă, partenerii se sprijină și se susțin reciproc, își împărtășesc bucuriile și tristețile și își oferă unul altuia dragostea și compasiunea de care au nevoie."
- Helen Fisher

Capitolul 10

Recompensarea și aprecierea reciprocă
Cum să vă recompensați și să vă apreciați reciproc eforturile și succesele în relație pentru a încuraja și întări legătura dintre voi.

. . .

"Într-o relație de cuplu, recompensele și aprecierile sunt ca niște cărămizi care construiesc fundația iubirii și armoniei."

Recompensarea partenerului într-o relație de cuplu este extrem de importantă pentru menținerea echilibrului și fericirii în relație. Recompensarea poate fi exprimată în diferite forme: fizice, emoționale, verbale sau prin gesturi mici sau mari.

În primul rând, este important să arătăm partenerului recunoștința noastră pentru tot ceea ce face pentru noi. Fie că este vorba de gesturi mici, cum ar fi gătitul unei mese sau spălatul rufelor, sau de eforturile mari pe care le depune pentru a susține familia sau a îndeplini obiectivele personale, arătarea recunoștinței și aprecierii este esențială.

De asemenea, recompensarea partenerului poate fi exprimată și prin gesturi romantice. O cină romantică, un weekend la munte sau la mare, o scrisoare de dragoste sau un cadou special pot fi moduri minunate de a-i arăta partenerului cât de mult îl iubim și apreciem.

În plus, este important să fim deschiși și empatici față de nevoile și emoțiile partenerului. Ascultând și înțelegând nevoile și dorințele sale, putem oferi suport și recompensă emoțională.

Recompensarea partenerului într-o relație de cuplu este esențială pentru menținerea unei conexiuni puternice și armonioase între cei doi parteneri. Atât gesturile mari, cât și cele mici de recunoștință, iubire și apreciere sunt la fel de importante pentru a menține flacăra vie în relație și pentru a construi o legătură puternică și profundă între cei doi parteneri.

Aprecierea reciprocă într-o relație de cuplu este esențială pentru menținerea sănătății și fericirii relației. Ea constă în recunoașterea și valorizarea eforturilor, calităților și contribuțiilor celuilalt în relație. Atunci când partenerii se apreciază reciproc, ei se simt valorizați, înțeleși și iubiți, ceea ce contribuie la întărirea legăturii lor emoționale și la consolidarea relației. Aprecierea reciprocă poate manifesta în diferite moduri, precum exprimarea recunoștinței pentru gesturi mici sau mari, complimentele sincere, încurajarea și sprijinirea în momentele dificile sau de nevoie.
Prin aprecierea reciprocă, partenerii își arată respectul și recunoașterea unuia față de celălalt, ceea ce duce la o comunicare mai deschisă, la creșterea încrederii și la consolidarea uniunii lor. Este important ca aprecierea să fie sinceră și autentică, fără să fie doar o formalitate sau o obligație.
Aprecierea reciprocă într-o relație de cuplu este un element fundamental pentru o relație sănătoasă și fericită, care contribuie la însănătoșirea și consolidarea legăturii emoționale dintre parteneri. Recunoașterea și aprecierea reciprocă joacă un rol crucial în menținerea unei relații de cuplu sănătoase și fericite.

Este important ca partenerii să se simtă valorizați și apreciați pentru contribuția lor la relație și pentru calitățile lor personale.

Recompensarea partenerului într-o relație de cuplu este esențială pentru menținerea unei conexiuni puternice și armonioase între cei doi parteneri. Atât gesturile mari, cât și cele mici de recunoștință, iubire și apreciere sunt la fel de importante pentru a menține flacăra vie în relație și pentru a construi o legătură puternică și profundă între cei doi parteneri.

Aprecierea reciprocă într-o relație de cuplu este esențială pentru menținerea sănătății și fericirii relației. Ea constă în recunoașterea și valorizarea eforturilor, calităților și contribuțiilor celuilalt în relație. Atunci când partenerii se apreciază reciproc, ei se simt valorizați, înțeleși și iubiți, ceea ce contribuie la întărirea legăturii lor emoționale și la consolidarea relației. Aprecierea reciprocă poate manifesta în diferite moduri, precum exprimarea recunoștinței pentru gesturi mici sau mari, complimentele sincere, încurajarea și sprijinirea în momentele dificile sau de nevoie.
Prin aprecierea reciprocă, partenerii își arată respectul și recunoașterea unuia față de celălalt, ceea ce duce la o comunicare mai deschisă, la creșterea încrederii și la consolidarea uniunii lor. Este important ca aprecierea să fie sinceră și autentică, fără să fie doar o formalitate sau o obligație.
Aprecierea reciprocă într-o relație de cuplu este un element fundamental pentru o relație sănătoasă și fericită, care contribuie la însănătoșirea și consolidarea legăturii emoționale dintre parteneri. Recunoașterea și aprecierea reciprocă joacă un rol crucial în menținerea unei relații de cuplu sănătoase și fericite.

Este important ca partenerii să se simtă valorizați și apreciați pentru contribuția lor la relație și pentru calitățile lor personale.

Iată câteva modalități în care partenerii pot recompensa și aprecia reciproc în relația lor de cuplu:

- Exprimarea recunoștinței.Spuneți-i partenerului dumneavoastră cât de recunoscător/a sunteți pentru toate lucrurile bune pe care le face pentru voi sau pentru relația voastră.

- Gesturi de afecțiune.Folosiți gesturi fizice sau sentimentale pentru a arăta partenerului cât de mult îl apreciați. Un simplu sărut sau îmbrățișare poate face minuni.

- Încurajarea reciprocă.Susțineți-vă reciproc în activitățile sau proiectele pe care le aveți în plan și încurajați-vă unul pe celălalt să vă atingeți obiectivele.

- Ascultarea activă.Arătați-i partenerului dumneavoastră că îl ascultați cu atenție atunci când vorbește, manifestându-i interesul și sprijinul.

- Surprize plăcute.Organizați mici surprize sau gesturi plăcute pentru partenerul dumneavoastră pentru a-i arăta că vă pasa de el și de relația voastră.

- Recompense materiale.Deși nu sunt esențiale, cadourile sau gesturile materiale pot fi o modalitate frumoasă de a arăta aprecierea față de partener.

Recompensarea și aprecierea reciprocă în relația de cuplu nu trebuie să fie un lucru complicat sau grandios, ci pot consta în gesturi mici și sincere care arată partenerului că vă pasa de el și că apreciați tot ceea ce faceți unul pentru celălalt. Este important să mențineți deschisă comunicarea și să vă reamintiți reciproc de cât de valoros este partenerul dumneavoastră pentru voi.

Reciprocitatea și aprecierea sunt două componente esențiale într-o relație de cuplu sănătoasă și fericită. Este important să ne arătăm recunoștința și respectul unul față de celălalt, deoarece acest lucru întărește legătura dintre noi și ne motivează să continuăm să creștem împreună.
Atunci când partenerul tău face ceva care te face fericit sau te susține într-un moment dificil, este important să îi arăți recunoașterea ta. Poți să îi spui cât de mult înseamnă pentru tine gestul său sau să îl ajuți în schimb într-un mod care să îl facă să se simtă apreciat. Reciprocitatea într-o relație înseamnă să fii deschis și gata să ajuți partenerul tău în momentele în care are nevoie de sprijin sau încurajare. Nu trebuie să fie mereu ceva mare sau impresionant, ci gesturi mici și simple pot face diferența în relația voastră.
Aprecierea reciprocă înseamnă să îți arăți recunoștința față de partenerul tău pentru tot ceea ce face pentru tine și pentru relația voastră. Un simplu "mulțumesc" sau un gest de afecțiune poate face minuni în consolidarea legăturii voastre și în dezvoltarea unei relații mai puternice și mai sănătoase.
Aprecierea este cheia pentru o relație de succes și fericită.

Așa că nu uita să îți arăți dragostea și recunoștința față de partenerul tău în fiecare zi, pentru că aceste gesturi mici pot face diferența în relația voastră.

Vă propun 10 exerciții practice pentru recompensarea și aprecierea reciprocă in cuplu.

1. Scrisori de apreciere.Luați-vă timp să scrieți scrisori de apreciere unul celuilalt. Puteți sublinia calitățile și realizările partenerului, sau puteți aminti de momentele frumoase petrecute împreună. De exemplu, puteți scrie: "Draga mea, apreciez enorm modul în care mă susții mereu și ești alături de mine în momentele dificile. Ești o sursă constantă de sprijin și inspirație pentru mine."

2. Mini-surprize.Organizați mici surprize pentru partenerul dumneavoastră, cum ar fi gătirea mâncărurilor preferate sau organizarea unei seri romantice acasă. Gesturile inopinate de apreciere pot face minuni pentru relație.

3. Recompense pentru realizări mari.Când partenerul dumneavoastră realizează ceva important sau depune eforturi deosebite pentru o sarcină, nu ezitați să recunoașteți aceste realizări și să-l recompensați. Aceasta poate fi un mic cadou, o cină în oraș sau orice alt lucru special care să arate că apreciați eforturile depuse.

4. Sesiuni de apreciere reciprocă.Organizați regulat sesiuni în care să vă spuneți unul altuia ce anume apreciați la celălalt.
Acest exercițiu poate dezvolta o mai mare conștientizare și recunoștință pentru calitățile și gesturile bune ale partenerului.

5. Meriteză o pauză.Atunci când partenerul se simte copleșit de responsabilități sau este stresat, oferiți-vă întotdeauna să preluați o parte din sarcinile lui sau să-i oferiți o pauză. Recompensați astfel implicarea și eforturile depuse de celălalt.

6. Recunoașteți contribuțiile.Fie că este vorba despre gătit, curățenie sau plata facturilor, nu uitați să recunoașteți și să apreciați contribuțiile partenerului la buna funcționare a căminului vostru.
Un simplu "Mulțumesc pentru tot efortul depus în gospodărie" poate face o mare diferență.

7. Petreceri de apreciere.Organizați petreceri sau serate speciale în care să sărbătoriți și să apreciați unul pe celălalt. Alegeți ocazii speciale sau creați-vă propriile evenimente pentru a recunoaște și a celebra realizările și calitățile partenerului.

8. Gesturi de iubire.Încurajați gesturile de iubire și apreciere în relație, cum ar fi îmbrățișările, săruturile sau complimentele sincere.
Aceste mici acte de afecțiune pot consolida legătura emoțională dintre voi și pot întări relația.

9. Învață să asculți cu atenție.O modalitate importantă de a aprecia reciproc este să fiți atent la ceea ce spune sau face partenerul dumneavoastră.
Ascultarea cu atenție și empatia pot consolida încrederea și conexiunea dintre voi.

10. Reafirmarea iubirii.Niciodată nu este suficient să vă reafirmați iubirea și aprecierea reciprocă. Nu ezitați să vă spuneți în mod regulat cât de mult vă iubiți și apreciați unul pe celălalt, pentru a menține flacăra iubirii vie în cuplu.

"În dragoste, recompensa nu constă în ceea ce primim, ci în ceea ce dăruim reciproc."
- Antoine de Saint-Exupéry

"Armonia în cuplu este rezultatul unei conexiuni profunde și autentice între doi oameni care se iubesc și se respectă reciproc." - Michelle Obama

"Pentru a avea o relație armonioasă, trebuie să fii dispus să lucrezi cu partenerul tău pentru a rezolva neînțelegerile și pentru a găsi un echilibru în relația voastră."
- John Gray

"Armonia în cuplu nu înseamnă să fii perfect, ci să fii deschis să lucrezi la relația ta, să te dezvolți și să te îmbunătățești alături de partenerul tău." - Esther Perel

Capitolul 11

Planificarea și construirea unui viitor împreună.
Cum să vă planificați și să vă construiți un viitor comun în cuplu, având în vedere visurile, aspirațiile și obiectivele pe termen lung ale fiecăruia.

Atunci când decidem să ne planificăm un viitor împreună într-un cuplu, trebuie să avem în vedere o serie de aspecte importante pentru a ne asigura că vom construi o relație solidă și împlinitoare.

Primul pas în planificarea unui viitor împreună este să stabilim obiectivele noastre comune și să discutăm despre valorile noastre și așteptările noastre în relație. Este important să fim sinceri și deschiși unul față de celălalt și să punem bazele unei comunicări eficiente pentru a evita neînțelegerile sau resentimentele în viitor.

De asemenea, ar trebui să discutăm despre planurile noastre profesionale și financiare și să ne asigurăm că suntem pe aceeași lungime de undă în ceea ce privește modul în care ne dorim să ne gestionăm resursele și să investim în viitorul nostru împreună.

În același timp, ar trebui să luăm în considerare și planurile noastre de familie și să discutăm despre modul în care ne dorim să împărțim responsabilitățile și să ne sprijinim reciproc în creșterea și educarea copiilor noștri.

Ar trebui să ne asigurăm că suntem deschiși la schimbare și că suntem dispuși să lucrăm împreună pentru a depăși obstacolele și a ne construi un viitor frumos și împlinit împreună.

Planificarea unui viitor în cuplu necesită implicare, comunicare și compromisuri din ambele părți, dar cu efort și încredere, suntem siguri că vom reuși să construim o relație sănătoasă și fericită pentru tot restul vieții noastre.

Construirea unui viitor împreună în cuplu este un proces continuu și plin de emoții, care necesită comunicare, încredere și colaborare. Este important să fim deschiși și sinceri unul cu celălalt, să ne ascultăm și să ne susținem reciproc în fiecare pas pe care îl facem.

Pentru a construi un viitor solid împreună, trebuie să ne stabilim obiective comune și să lucrăm împreună pentru a le atinge. Aceste obiective pot fi legate de carieră, familie, călătorii sau orice alt aspect al vieții noastre. Este esențial să comunicăm deschis despre așteptările noastre și să fim dispuși să facem compromisuri pentru a ne asigura că suntem pe aceeași lungime de undă.

În același timp, este crucial să ne susținem unul pe celălalt în momentele dificile și să ne bucurăm împreună de succesul nostru. Trebuie să ne sprijinim reciproc în atingerea visurilor noastre și să fim acolo unul pentru celălalt în orice situație.

Construirea unui viitor împreună în cuplu înseamnă și să fim flexibili și să acceptăm schimbările care pot apărea pe parcurs. Viața nu este întotdeauna previzibilă, iar capacitatea noastră de a face față la schimbări ne va ajuta să ne consolidăm relația și să creștem împreună.

Construirea unui viitor împreună în cuplu este un proces frumos și plin de provocări, dar care merită fiecare efort depus. Cu dragoste, încredere și angajament reciproc, suntem siguri că putem crea o viață plină de fericire și împlinire alături unul de celălalt.

Planificarea și construirea unui viitor împreună în cuplu implică o serie de pași importanți pentru a asigura stabilitatea și fericirea relației pe termen lung. Este esențial să avem o viziune clară asupra a ceea ce ne dorim să realizăm împreună și să lucrăm în mod colaborativ pentru a atinge acele obiective.

Un prim pas în planificarea și construirea unui viitor împreună în cuplu este comunicarea deschisă și sinceră. Este important să putem discuta despre nevoile, dorințele și speranțele fiecărui partener în relație pentru a putea găsi soluțiile potrivite care să satisfacă amândurora. Un exemplu ar putea fi discutarea planurilor de viitor, cum ar fi stabilirea unei familii, achiziționarea unei proprietăți sau călătorii în străinătate, și găsirea unui echilibru între aspirațiile personale ale fiecărui partener.

De asemenea, trebuie să fim pregătiți să ne sprijinim reciproc în atingerea obiectivelor noastre. Acest lucru poate însemna să fim prezenți pentru partenerul nostru în momentele dificile, să îl încurajăm și să ne susținem reciproc în eforturile de realizare a viselor noastre comune. De exemplu, dacă unul dintre parteneri își dorește să își schimbe cariera, celălalt poate oferi sprijin emoțional și logistic în această tranziție.

În plus, este important să lucrăm împreună pentru a gestiona finanțele și resursele noastre în mod responsabil. Acest lucru ar putea implica stabilirea unui buget comun, economisirea pentru obiectivele noastre viitoare sau planificarea investițiilor pe termen lung.
Un exemplu ar fi stabilirea unui cont comun pentru economisirea pentru o vacanță de vis sau pentru cumpărarea unei case.

Pentru a avea succes în planificarea și construirea unui viitor împreună în cuplu, trebuie să fim deschiși la schimbare și adaptabili la noile provocări și ocazii care se ivește. Este important să ne menținem unitatea în fața provocărilor și să ne bucurăm împreună de succesele noastre. În acest fel, vom putea construi un viitor fericit și împlinit împreună.

Planificarea unui viitor comun în cuplu este esențială pentru menținerea unei relații sănătoase și armonioase pe termen lung. Pentru a realiza acest lucru, amândoi partenerii trebuie să fie deschiși și să comunice sincer despre visurile, aspirațiile și obiectivele lor pe termen lung.

Primul pas ar fi să aveți o discuție deschisă și sinceră despre ceea ce vă doriți de la viață și despre lucrurile care vă motivează și vă inspiră. Este important să vă ascultați unul pe altul și să fiți deschiși să acceptați și să susțineți visurile și aspirațiile fiecăruia.

Următorul pas este să identificăm obiectivele pe care le aveți ca individ și să încercați să le aliniați cu obiectivele partenerului dumneavoastră. Acest lucru va necesita compromisuri și negocieri, dar este esențial să găsiți un echilibru între aspirațiile personale și cele comune.

De asemenea, este important să faceți un plan concret și să vă stabiliți obiective pe termen scurt, mediu și lung care să vă ajute să vă îndepliniți visurile și aspirațiile.

Este recomandabil să stabiliți un plan financiar pentru a vă ajuta să vă atingeți obiectivele pe termen lung și să vă asigurați că sunteți pe drumul potrivit pentru a vă construi viitorul împreună.

Reevaluați și actualizați-vă obiectivele pe măsură ce trece timpul și circumstanțele se schimbă. Flexibilitatea și adaptabilitatea sunt cheia în construirea unui viitor comun în cuplu.

Prin urmarea acestor pași și prin angajamentul de a vă susține reciproc în atingerea visurilor voastre individuale și colective, veți fi pe drumul potrivit pentru a construi un viitor comun solid și fericit în cuplu.

Vă propun 10 exerciții practice pentru planificarea și construirea unui viitor mai bun împreună in relația de cuplu.

1. Stabilirea unui scop comun.Identificarea unei viziuni comune pentru viitorul relației și a unor obiective pe termen scurt și lung pentru a ajunge acolo.
De exemplu, stabilirea obiectivului de a călători împreună într-o destinație exotica peste 2 ani și să economisiți împreună pentru aceasta.

2. Comunicarea deschisă.Stabiliți un timp regulat pentru a discuta despre problemele relației și pentru a vă exprima nevoile și dorințele.
De exemplu, puteți avea o întâlnire săptămânală în care să discutați despre lucrurile care vă deranjează și cum puteți rezolva aceste probleme împreună.

3. Împărțirea responsabilităților.Stabilește cine va fi responsabil pentru anumite aspecte ale relației și găsiți un echilibru între sarcinile domestice, financiare și emoționale.
De exemplu, puteți decide că unul va fi responsabil pentru gătitul mesei, în timp ce celălalt va fi responsabil pentru curățenia casei.

4. Planificarea timpului de calitate împreună.Faceți un plan
pentru a petrece timp de calitate împreună în fiecare săptămână
și aveți activități pe care le faceți împreună pentru a întări
legătura voastră.
De exemplu, puteți merge la un curs de dans sau să vă întâlniți
pentru o cafea în fiecare sâmbătă dimineața.

5. Stabilirea unui buget comun.Crearea unui buget comun și
stabilirea unor obiective financiare pentru viitorul relației.
 De exemplu, puteți stabili un obiectiv de economisire pentru a
cumpăra o casă sau pentru a pleca într-o vacanță de vis.

6. Rezolvarea conflictelor în mod constructiv: Invățați să
gestionați conflictele în mod sănătos și să găsiți soluții
împreună fără a recurge la acuze sau la reproșuri.
De exemplu, puteți folosi tehnici de comunicare nonviolentă
pentru a vă exprima nemulțumirile fără a răni sentimentele
partenerului.

7. Încurajarea și susținerea reciprocă: Fiți un sprijin pentru
partenerul vostru și încurajați-l să își atingă obiectivele,
indiferent cât de dificile ar putea fi acestea. De exemplu, să îl
încurajați pe partener să își urmeze pasiunea pentru artă și să îl
sprijiniți în acest proces.

8. Planificarea vacanțelor și a momentelor de relaxare: Faceți
planuri pentru a petrece timp de calitate în vacanțe și pentru a
vă bucura de momente de relaxare împreună fără a vă gândi la
stresul zilnic.
De exemplu, puteți face o excursie de weekend la o stațiune de
munte sau să vă relaxați la un spa într-un weekend prelungit.

"O relație armonioasă este cea în care partenerii se respectă reciproc, își sprijină aspirațiile și visele și își acordă libertatea de a fi autentici și vulnerabili unul în fața celuilalt."
- Gary Chapman

"Armonia în cuplu poate fi atinsă numai atunci când ambii parteneri sunt dispuși să-și asume responsabilitatea pentru fericirea și bunăstarea relației lor și să își acorde timpul și atenția necesară pentru a o menține vie și sănătoasă." - Esther Perel

"Într-o relație armonioasă, partenerii își susțin reciproc în nevoi, își respectă independența și își acordă libertatea de a fi ei înșiși." - Gary Chapman

"Armonia în cuplu vine atunci când amândoi partenerii sunt deschiși să se asculte unul pe celălalt, să-și exprime sentimentele și să rezolve conflictele într-un mod sănătos."
- Daniel Goleman

Armonia in cuplu
Capitolul 12

Citate și motto-uri

Citate despre armonia în cuplu

1. "Când doi oameni se iubesc cu adevărat, nu există nimic în lume care să le împiedice să găsească armonia între sufletele lor."
- Friedrich Nietzsche

2. "Armonia în cuplu nu înseamnă să fii mereu de acord, ci să fii capabil să asculți și să îți înțelegi partenerul în ciuda diferențelor voastre." - Albert Camus

3. "Un cuplu armonios este format din două persoane care se completează reciproc, care știu să își acorde libertatea de a fi ei înșiși și să se susțină unul pe celălalt în orice moment."
- Confucius

4. "Armonia în cuplu nu vine de la sine, ci este rezultatul unei munci continue de a ne cunoaște și de a ne respecta reciproc."
- Lao Tzu

5. "Într-un cuplu armonios, fiecare partener este o parte a întregului, iar împreună formează o unitate puternică și echilibrată." - Socrates

Armonia in cuplu

Citate despre comunicarea eficientă in cuplu

1. "Comunicarea eficientă este cheia unei relații sănătoase și fericite. Este important să ne ascultăm cu atenție partenerul și să exprimăm deschis și sincer sentimentele noastre."
 - Confucius

2. "Atunci când vorbim, nu facem decât să repetăm ceea ce știm deja. Dar atunci când ascultăm, putem învăța ceva nou."
 - Dalai Lama

3. "Comunicarea este puntea care leagă două suflete. Este important să ne exprimăm nevoile și dorințele noastre într-un mod clar și empatic pentru a ne înțelege reciproc mai bine." - Arthur Schopenhauer

4. "Un cuplu fericit este acela în care ambii parteneri se simt ascultați, înțeleși și susținuți. Comunicarea eficientă este cheia pentru a construi o relație solidă și rezistentă în fața provocărilor." - Albert Einstein

5. "Când vorbim, ne comunicăm cuvintele. Când ascultăm, ne comunicăm intențiile." - Stephen R. Covey

6. "Comunicarea eficientă în cuplu presupune să fim sinceri unul cu celălalt, să fim deschiși și vulnerabili în fața celuilalt. Numai așa putem construi o relație autentică și profundă."
 - Martin Heidegger

Armonia in cuplu

Citate despre încredere și respect reciproc în cuplu

1. "Încrederea și respectul sunt fundamentul unei relații sănătoase, iar fără ele, nicio legătură nu poate rezista în timp." - Buddha

2. "Cei doi parteneri trebuie să se respecte și să se înțeleagă reciproc pentru a-și construi o relație solidă și durabilă." - Confucius

3. "Încrederea în celălalt este o expresie a respectului pe care îl acordăm partenerului nostru și este un pilon important al unei relații de succes." - Lao Tzu

4. "Într-o relație de cuplu, respectul reciproc este esențial pentru a ne simți în siguranță și în armonie cu celălalt." - Epictet

5. "Cel care nu respectă pe celălalt nu se respectă pe sine însuși și, în consecință, nici relația în care se află." - Socrate

6. "Încrederea și respectul în cuplu nu se câștigă ușor, dar odată dobândite, sunt fundamentul unei relații solide și autentice." - Aristotel

7. "Respectul reciproc în cuplu nu înseamnă doar să nu îi faci rău celuilalt, ci înseamnă să îi oferi partenerului tău sprijin și să îl ajuți să crească și să se dezvolte împreună cu tine." - Friedrich Nietzsche

Armonia in cuplu

Citate despre gestionarea conflictelor

1. "Când conflictul apare, nu uita că este o oportunitate de a învăța și de a crește, nu doar de a te certa sau de a pierde."
   - Deepak Chopra

2. "Cel mai mare conflict este întotdeauna între ceea ce simți în inima ta și ceea ce știi că este corect." - Unknown

3. "Pacea nu înseamnă absența conflictului, ci capacitatea de a gestiona conflictul în mod constructiv." - Ronald Reagan

4. "Conflictul este inevitabil, dar lupta este opțională."
   - Max Lucado

5. "Cel mai bun mod de a rezolva un conflict este să fii deschis la dialog și să încerci să înțelegi punctul de vedere al celuilalt." - Dalai Lama

6. "Conflictele nu pot fi evitate, dar ele pot fi rezolvate cu înțelepciune și compasiune." - Thich Nhat Hanh

7. "Să eviți conflictele nu înseamnă să fii un om pașnic, ci să fii un om care își înfrânge adevărata natură."
   - Pema Chödrön

8. ″Un conflict între două persoane poate fi rezolvat cu o conversație, dar un conflict între două națiuni poate fi rezolvat prin diplomație și înțelepciune.″ - Nelson Mandela

9. ″Adevărata măsură a bunăstării unei societăți nu este absența conflictelor, ci modul în care acestea sunt gestionate și rezolvate.″ - Martin Luther King Jr.

10. ″Conflictul este ca un foc - poate distruge sau poate purifica. Depinde de tine cum îl folosești.″ - Unknown

Armonia in cuplu

Citate despre aservitate și autocunoaștere în cuplu

"În relația de cuplu, aservitatea este o formă subtilă de slăbiciune, în timp ce autocunoașterea este baza puterii și a egalității." - Confucius

"Într-un cuplu sănătos, fiecare partener trebuie să-și cunoască și să-și accepte propria persoană înainte de a putea să-și ofere și să-și primească iubire în mod autentic." - Socrates

"Un cuplu fericit este compus din doi indivizi care se cunosc pe ei înșiși și care își respectă reciproc nevoile, dorințele și limitele." - Aristotel

"Aservitatea în cuplu este ca un lanț invizibil care îi leagă pe cei doi parteneri, în timp ce autocunoașterea este cheia spre adevărata libertate și fericire în relație." - Friedrich Nietzsche

Armonia in cuplu

Citate despre atenuarea rutinei și cultivarea pasiunii în cuplu

1. *"Căsătoria nu înseamnă să trăiești împreună cu persoana pe care o iubești, ci să iubești persoana cu care trăiești."*
- François de La Rochefoucauld

2. *"Dacă vrei să îți păstrezi pasiunea într-o relație, trebuie să cultivi mereu acea flacără, să o hrănești cu gesturi mici și atenție constantă."*
- Arthur Schopenhauer

3. *"Rutina ucide pasiunea și transformă iubirea într-o simplă obișnuință. Cei care vor să se mențină împreună trebuie să caute mereu să descopere ceva nou unul despre celălalt și să cultive pasiunea în fiecare zi."*
- Confucius

4. *"Într-o relație, monotonie nu există, există doar lipsa noastră de creativitate și de dorința de a pune pasiune în tot ce facem împreună."*
- Friedrich Nietzsche

5. *"Când doi oameni se iubesc cu adevărat, rutina nu mai este o problemă, pentru că fiecare zi împreună reprezintă o oportunitate de a descoperi noi aspecte și de a crește împreună."*
- Albert Camus

Citate filozofice despre îngrijirea reciprocă și susținerea emoțională în cuplu

1. "Îngrijirea reciprocă este o dovadă a iubirii noastre, iar susținerea emoțională în cuplu este cheia unei relații sănătoase și fericite." - Confucius

2. "O relație de cuplu puternică se construiește pe baza unei îngrijiri reciproce constante și a unei susțineri emoționale sincere." - Aristotel

3. "Într-o relație de cuplu, îngrijirea reciprocă și susținerea emoțională sunt ca o fântână de apă vie care hrănește și menține vie flacăra iubirii." - Socrate

4. "Iubirea adevărată înseamnă să fii acolo pentru celălalt, să îngrijești și să susții emoțional în momentele dificile."
   - Epictet

5. "Când ne îngrijim reciproc și ne susținem emoțional în cuplu, construim un refugiu în care iubirea noastră poate crește și înflori în continuare." - Seneca

Armonia in cuplu

Citate despre sincronizarea obiectivelor și valorilor în cuplu

"Într-o relație fericită, două persoane diferite se întâlnesc și își unesc visurile și valorile pentru a împărți aceeași viziune comună pentru viitor." - Roy Bennett

"Fericirea în cuplu nu vine atunci când doi oameni găsesc pe cineva perfect, ci atunci când ei învață să își accepte și să își respecte reciproc diferențele și să se susțină în atingerea obiectivelor și valorilor comune."

"Într-o relație de succes, fiecare partener trebuie să fie dispus să lucreze în echipă, să își comunice deschis și sincer valorile și obiectivele personale și să găsească un echilibru între ele pentru a construi un viitor comun împlinit."

"Un cuplu fericit este format din doi oameni care nu doar se iubesc reciproc, ci care își susțin și își încurajează unul pe celălalt în atingerea obiectivelor și valorilor personale și comune."

Armonia in cuplu

Citate despre independența și spațiul personal în cuplu

1. "Într-un cuplu, independența nu înseamnă să trăiești separat, ci să ai spațiul tău personal, să-ți păstrezi identitatea și să fii liber să fii tu însuți în relație." - Autor necunoscut

2. "Înainte de a ne uni cu cineva într-un cuplu, trebuie să învățăm să fim independenți și să ne conturăm spațiul personal, pentru a avea o relație sănătoasă și echilibrată." - Wayne Dyer

3. "Iubirea adevărată înseamnă să fii alături de celălalt fără să-l suffoci, să-i respecți spațiul personal și să-l lași să se dezvolte în mod autonom." - Eckhart Tolle

4. "Într-un cuplu, independența este esențială pentru a avea o relație fericită și sănătoasă. Fiecare partener trebuie să aibă propriul spațiu, să-și respecte nevoile individuale și să se dezvolte personal." - Osho

5. "Cei mai puternici cupluri sunt acelea în care fiecare partener își păstrează independența, își respectă spațiul personal și își susțin reciproc dezvoltarea personală." - Autor necunoscut.

Armonia in cuplu

Citate despre recompensarea și aprecierea reciprocă în cuplu

1. "Iubirea înseamnă să ai grijă de celălalt fără astepta nimic în schimb, dar și să apreciezi și să recunoști eforturile și sacrificiile făcute pentru tine." - Aristotel

2. "Reciprocitatea în iubire constă în a oferi fără a cere și a primi fără a forța." - Buddha

3. "Un cuplu sănătos este acela în care ambii parteneri își recunosc și își apreciază reciproc contribuțiile și eforturile." - Confucius

4. "Iubirea adevărată nu se bazează doar pe sentimente, ci și pe respect reciproc, apreciere și recunoaștere a valorii celuilalt." - Socrate

5. "Nu contează cât de mult iubești pe cineva, este important să știi să îl apreciezi și să îi arăți recunoștință pentru tot ceea ce face pentru tine în fiecare zi." - Friedrich Nietzsche.

Citate despre planificarea și construirea unui viitor în cuplu.

1. "Cel mai mare dar pe care îl poți oferi persoanei iubite nu este doar dragostea, ci și capacitatea de a construi împreună un viitor solid și fericit." - Antoine de Saint-Exupéry

2. "Un cuplu nu poate avea un viitor solid fără o planificare minuțioasă a pasilor de urmat și a obiectivelor comune pe care le au." - Confucius

3. "Când doi oameni se decid să își petreacă viața împreună, este important să aibă o viziune comună asupra viitorului și să muncească împreună pentru a construi acea realitate dorită."
- Albert Einstein

4. "Planificarea și construirea unui viitor în cuplu necesită sacrificii, compromisuri și comunicare deschisă pentru a naviga împreună prin provocările și bucuriile pe care viața le aduce."
- Friedrich Nietzsche

5. "Un cuplu care își propune să își construiască un viitor solid trebuie să aibă încredere unul în celălalt, să se sprijine reciproc și să lucreze împreună cu determinare pentru a-și atinge obiectivele comune." - Paulo Coelho.